HIERBAS

Este libro está dedicado a mi esposa, Mhairi. Parece que siempre me da por emprender proyectos importantes precisamente cuando nuestra familia va a verse aumentada. Cuando nació nuestro primer hijo, Cameron, yo estaba acabando una tesis académica y, justo cuando esperábamos a nuestro segundo bebé, decidí comenzar a escribir este libro. Mhairi, sin tu apoyo y comprensión ninguno de estos proyectos hubiera sido posible.

Agradecimientos

Debo dar las gracias en especial a: Sue Wallander de Enzymatic Therapy (EE.UU.), Melanie Cook de Enzymatic Therapy (Reino Unido), Jen y Janyn Tan de Bioforce (Reino Unido), Pamela Cranston, Jan de Vries y Kathy Steer de Quintet Publishing. Agradezco especialmente a Terry Griffiths por haberme puesto en contacto con Quintet Publishing y a mi esposa, Mhairi, el revisar tan cuidadosamente la versión final y corregir mi terrible ortografía.

HIERBAS
Manual para sibaritas

Marcus A. Webb

EVERGREEN is an imprint of
Benedikt Taschen Verlag GmbH

© para esta edición:
1999 Benedikt Taschen Verlag GmbH
Hohenzollernring 53, D-50672 Köln

*The Herbal Companion. The Essential Guide to
Using Herbs for your Health and Well-Being*
© 1997 Quintet Publishing Limited

Traducción del inglés: Eva Vico Paredero
para LocTeam, S.L., Barcelona
Redacción y maquetación de la edición española:
LocTeam, S.L., Barcelona
Portada: Angelika Taschen, Colonia

Printed in China
ISBN 3-8228-6994-5

La información contenida en este libro no pretende reemplazar
las recomendaciones de su médico. El autor y los editores no se
hacen responsables de ninguna consecuencia negativa que pueda
derivarse del uso correcto o incorrecto de la información que
aparece en esta obra.

El editor desea expresar su agradecimiento a las siguientes entidades
por facilitar las fotografías y conceder el permiso necesario para
reproducir material sujeto a derechos de autor:
A–Z Botanical Collection: pág. 11, 32, 50, 51, 52, 56, 57, 64, 65, 67, 75,
77, 78, 79, 82, 84, 86, 87, 89, 91, 94, 95, 97, 98, 99, 101, 103, 106, 107,
112, 115, 117, 122, 123, 124, 127, 128, 129, 136, 145, 146, 150, 154
Garden Matters: pág. 9, 15, 16, 49, 85, 55, 71, 80, 88, 96, 108, 120, 121,
135, 143, 148, 155

CONTENIDO

Prólogo 6

INTRODUCCIÓN

Tradiciones e historia 9

Cultivo de hierbas 13

Recolección de hierbas 22

Secado de hierbas 23

Remedios herbarios 25

Usos medicinales 30

Usos cosméticos 34

Usos domésticos 36

Usos culinarios 38

GUÍA DE HIERBAS

Lista de hierbas por su nombre común 46

REMEDIOS

Remedios herbarios para niños 159

Remedios herbarios para jóvenes y adultos 165

Remedios para mujeres embarazadas y madres lactantes 171

Remedios herbarios para los síntomas de la menopausia 174

Remedios herbarios para los ancianos 176

Remedios herbarios para el estrés 179

Remedios herbarios para problemas emocionales 181

Botiquín de hierbas 183

Las hierbas en la vida diaria 184

Remedios naturales recomendados 186

Glosario 188

Direcciones útiles 190

Índice 192

PRÓLOGO

Es para mí un inmenso placer el poder escribir el prólogo de este libro.

Conozco a Marcus desde hace muchos años y siempre me ha impresionado el tremendo esfuerzo que ha dedicado al estudio todos los tipos de medicina, mediante su investigación no solo en el ámbito de la medicina ortodoxa sino también en el campo de las medicinas alternativas.

La medicina ortodoxa —a cuyo estudio me dediqué hace muchos años— ha dado excelentes resultados y su desarrollo científico me merece el mayor respeto. No obstante, es muy importante recordar que en la sociedad actual, marcada por todo tipo de enfermedades, nuestras tres fuentes vitales de energía son los alimentos que ingerimos, el agua que bebemos y el aire que respiramos. De este modo podremos construir puentes entre la medicina ortodoxa y la alternativa para lograr un sistema complementario que ayude a aliviar el sufrimiento humano. Después de todo, ambas disciplinas trabajan duramente con el mismo propósito. La medicina ortodoxa es el resultado de una revolución técnica y existe desde hace poco; la medicina alternativa, sin embargo, ha existido siempre y resulta alentador que en la naturaleza, donde todo guarda equilibrio, existan hierbas más eficaces que muchos medicamentos sofisticados. Así pues, libros como éste son importantes para educarnos en formas de medicina que pueden practicarse sin efectos secundarios. Marcus, que ha profundizado mucho en este campo, siempre investiga todo lo que lleva a cabo con sus pacientes y por este motivo goza de tanto éxito como conferenciante y como practicante. La información recogida de sus pacientes le ha permitido adquirir unos conocimientos que desea compartir para contribuir a que la gente goce de una salud mejor.

Fue una gran suerte conocer a Marcus hace muchos años y poder conversar sobre nuestro interés compartido. Él estaba muy interesado en todo lo que yo había aprendido de mi anterior colaborador, Alfred Vogel, N.D. —considerado posiblemente uno de los más famosos herbolarios y profesores de medicina alternativa del mundo —, quien me enseñó los métodos que deben emplearse para recolectar hierbas y extraer sus ingredientes beneficiosos. El poder compartir con Marcus mi entusiasmo por el equilibrio en la naturaleza fue para mí muy grato.

En este libro, Marcus Webb nos acerca a la naturaleza y a la medicina herbaria, ayudándonos a entender mejor estas disciplinas y fomentando el desarrollo de una ciencia médica que durante un tiempo ha permanecido olvidada pero que ahora resurge para ayudar a combatir la enfermedad y el sufrimiento. Estoy convencido de que este libro logrará hacerse un hueco en muchas estanterías para enriquecer así esta primigenia forma de medicina.

Jan de Vries, D.ho.med., N.D., M.R.N., D.O., M.R.O., D.Ac., M.B.Ac.A.

Auchenkyle Natural Medicine Clinic
Troon, Escocia
1997

INTRODUCCIÓN

Introducción

Las hierbas pueden hacer mucho más que aderezar sus guisos; pueden cuidar y mejorar su salud. El uso de remedios tradicionales a base de hierbas está en expansión, tal y como reflejan las cifras de ventas de 1994 en Estados Unidos (1.600 millones de dólares). Este enorme consumo es la prueba de que los remedios herbarios resultan beneficiosos.

En 1995 la Organización Mundial de la Salud dio a conocer unas cifras según las cuales más del 80% de la población mundial utiliza hierbas medicinales como primera fuente de medicación. Este dato no debería sorprender si se considera a esta variante médica como primera medicina y no como alternativa.

El interés por la medicina herbaria o fitoterapia se ha incrementado en el mundo "desarrollado", ya que la gente opta por medios más seguros para tratar las enfermedades cotidianas y mejorar su salud general, mientras que el interés científico se acrecienta dada la posibilidad de hallar nuevos agentes terapéuticos. Por ejemplo, el posible descubrimiento de un nuevo medicamento contra el cáncer extraído de una planta es una realidad tentadora y provechosa. Sin embargo, al purificar los agentes naturales, perdemos el concepto primigenio de la fitoterapia, que trabaja con la planta entera, usando principios activos y otros factores esenciales presentes en la hierba de modo natural. El extracto de toda la planta también es eficaz pero su acción se ve amortiguada por los cofactores presentes. Al eliminar estos cofactores se obtiene un "medicamento" puro, con sus indeseables efectos secundarios.

El propósito de este libro es guiar al lector a través de todos los aspectos relacionados con las hierbas, desde su cultivo hasta su uso medicinal. Las explicaciones son breves pero concisas y fáciles de poner en práctica. Todas las hierbas del directorio están ordenadas por su nombre científico en latín. En las páginas 46 y 47 aparecen clasificadas por sus nombres comunes.

> **AVISO IMPORTANTE:**
> En cualquier caso se recomienda consultar a un médico antes de embarcarse en un programa de autotratamiento. Las hierbas medicinales son eficaces y seguras siempre y cuando se utilicen en las condiciones adecuadas. Este libro pretende ser lo más educativo, preciso e informativo posible, pero los consejos que aquí aparecen nunca deben substituir a los de un profesional.

Introducción

TRADICIONES
E HISTORIA

Los comienzos

El uso de las hierbas para mejorar la salud se remonta a la época de Hipócrates (~460–370 a.C.), que compiló a lo largo de su vida una *materia medica* —un libro que contenía información sobre las plantas y su prescripción— con más de 400 hierbas medicinales. Sus obras pronto tuvieron continuación en el filósofo griego Teofrasto (~372–287 a.C.) y en su monumental compendio de 10 volúmenes titulado *Historia de las plantas*, una de las más mayores contribuciones a nuestro conocimiento de la ciencia botánica.

A lo largo de la historia, las hierbas y sus poderes curativos han desempeñado un importante papel en la vida del ser humano, tanto que los egipcios inmortalizaron sus usos sobre tablillas de piedra y en pinturas funerarias.

Jardín de un boticario con distintas hierbas y flores terapéuticas.

Introducción

Los jardines de hierbas aparecieron por primera vez en el siglo VIII, cuando los monjes cultivaban plantas medicinales para el tratamiento de enfermedades y la curación de heridas. Según la creencia medieval, las enfermedades eran causadas por un desequilibrio entre los cuatro humores del organismo (sangre, pituita, bilis y atrabilis).

Un tratamiento muy común de la época era la sangría, procedimiento mediante el cual se creía eliminar el exceso de uno de estos humores. Todos los monjes que vivían en monasterios eran sometidos a sangrías trimestrales para intentar prevenir el brote de enfermedades y a menudo se suministraban hierbas para restaurar el equilibrio de dichos humores; se decía que la lavanda aliviaba los dolores de cabeza, las violetas se empleaban para tratar las afecciones pulmonares y el poleo, para el dolor de muelas. Los monjes aprendían unos de otros los tratamientos y las aplicaciones herbarias, puesto que no había médicos en los monasterios. La información transmitida de generación en generación corroboró la eficacia de los remedios y dictó la necesidad de disponer de jardines de hierbas bien provistos.

El primer libro ilustrado de preparados a base de hierbas fue escrito por el herbolario y cirujano inglés John Gerard. Su obra, *The Herball, or Generall Historie of Plantes,* fue publicada en 1597 y proporcionaba amplios detalles sobre cada planta, como su origen, historia, usos, métodos de plantación y tipo de suelo que necesita cada especie.

Desgraciadamente, uno de los más conocidos partidarios de las plantas medicinales, Nicholas Culpeper, acabó desprestigiando gravemente la práctica de las curas herbarias. Culpeper (astrólogo y médico) clasificó las hierbas según las influencias astrológicas, pero el gremio médico de la época lo rechazó, ya que sus enseñanzas mezclaban lo mágico y lo misterioso con el arte ancestral y aceptado de curar con hierbas. A pesar de ello, la medicina acabó reconociendo el poder curativo de las plantas y empezaron a purificarse extractos tan concentrados que bastaban unos pocos miligramos para producir un efecto contundente en el organismo.

El estado de la medicina tradicional en la actualidad dista enormemente de los escritos originales de Hipócrates, aunque la profesión haya heredado sus enseñanzas y preste juramento en su nombre.

Introducción

Influencias en la fitoterapia

No fue hasta el siglo I d.C. que el célebre médico griego Galeno empezó a elaborar su propia clasificación destinada a la prescripción de medicamentos herbarios en base a las enseñanzas de Hipócrates. Éste fue el primer intento de crear un sistema médico coherente que pudiera ser aprendido y seguido por otros, y constituyó claramente una división definida entre los médicos y los curanderos tradicionales.

Si bien este sistema de medicina devolvió su prestigio a la fitoterapia, no contribuyó a impulsar la aparición de nuevas ideas y, durante unos 1.500 años, nadie en Europa puso en duda las enseñanzas de Galeno. Se ha afirmado que éste fue el principal causante del estancamiento de la medicina herbaria, al permitir que los seguidores de su doctrina prescribiesen hierbas según sus enseñanzas sin tomar en consideración al paciente. En la época de los herbolarios tradicionales esto hubiera sido impensable, ya que cada paciente era considerado individualmente. La doctrina de Galeno entraba de hecho en contradicción directa con la fe que los herbolarios tenían en los poderes curativos de la naturaleza, o dicho de otro modo, en *vis medicatrix naturae*.

*El sello de oro (*Hydrastis canadensis*) se cultivaba originariamente en América del Norte y se convirtió en un popular remedio contra el estreñimiento.*

Durante el siglo XVI, Paracelso puso en tela de juicio las enseñanzas de Galeno con su *Doctrina de las Señales*, la cual afirmaba que los rasgos físicos de una hierba indicaban la parte del cuerpo a cuyo tratamiento estaba destinada. Paracelso describió la enfermedad como un suceso externo para el que se aconsejaba el uso interno de remedios herbarios.

Hacia el 1785 las hierbas se utilizaban para el tratamiento de muchas disfunciones, una de las cuales impulsó la farmacología de manera espectacular. Un médico inglés, William Withering, descubrió que la hidropesía (dolencia cardiaca) podía ser tratada con éxito gracias a un extracto de dedalera (*Digitalis*), que aún se usa hoy como medicamento (digoxina).

Parece que en la actualidad el uso de las hierbas medicinales vuelve al punto de partida, mientras los científicos calculan que al menos 328 nuevos fármacos podrían desarrollarse a partir de plantas de los bosques tropicales. Se está generando un nuevo interés por los poderes curativos de las plantas, un saber ancestral que ha sobrevivido al paso del tiempo.

La influencia americana

El continente americano ofrece numerosos climas y hábitats distintos para las plantas, por lo que casi todos los remedios de América del Norte se basan en especias autóctonas.

A medida que los colonos adoptaban estos remedios y descubrían su eficacia, se producía una expansión comercial. En 1838 el uso de los remedios herbarios y especias se extendió a Europa, donde adquirió gran popularidad. Remedios de pasionaria, sello de oro, olmo escocés, sasafrás y olmo rojo americano, y otros preparados caseros nacieron en América del Norte.

Los bosques tropicales de América del Sur y Central proporcionaron —y aún proporcionan— una fascinante colección de plantas medicinales. En el siglo XVI, el navegante florentino Américo Vespucio descubrió a tribus colombianas mascando hojas de coca, una práctica que se remonta al 2100 a.C.
El alcaloide extraído de esas hojas (la cocaína) se ha convertido en un valioso anestésico local, así como en una substancia letal y adictiva. Otras plantas originarias de América del Sur y Central son la guindilla, la batata, la papaya, la estricnina, el boldo, la pimienta y el cornejo de Jamaica, la vainilla y el maíz.

La conservación del bosque tropical es esencial pues, a modo de ejemplo, sólo el cultivo de coca ha acabado con 810.000ha de este ecosistema en Perú desde principios del siglo XX.

Introducción

CULTIVO DE HIERBAS

Una cuidadosa distribución puede crear magníficos efectos visuales en cualquier jardín o parcela de tierra.

EL CULTIVO DE HIERBAS no es una tarea difícil y cuidar de un jardín o de una maceta de hierbas puede resultar muy grato. Es aconsejable plantar hierbas en el exterior sólo cuando el calor o frío excesivos no puedan dañarlas. La mayoría de plantas agradecen la luz solar pero otras como el cebollino, la matricaria, el rábano rusticano, la melisa, la menta, la consuelda, el jengibre, la violeta, la angélica, el perifollo, el perifollo oloroso, la aspérula olorosa y el perejil prefieren lugares sombríos.

Destinando a su jardín algunas hierbas especiales protegerá su cultivo de los insectos; si planta romero y/o salvia junto con otras especies, conseguirá evitar que los parásitos destruyan sus cultivos sin necesidad de recurrir a agentes químicos, algo a tener en cuenta sobre todo si piensa consumir lo que obtenga.

También es importante la selección de la parcela adecuada ya que muchas hierbas requieren como mínimo seis horas de luz diarias. Compruebe la consistencia del suelo: un suelo fangoso y húmedo puede necesitar un poco de arena y a uno arenoso le puede convenir algo de turba.

Para que sus hierbas obtengan la nutrición óptima del suelo, asegúrese de que el pH es entre ligeramente ácido y neutro (pH 6,5–7,9).

Hierbas de suelo arcilloso

Angélica	Hinojo
Cebollino	Melisa
Consuelda	Menta piperita

En la mayoría de centros de jardinería podrá encontrar equipos que le permitirán medir el pH del suelo; si éste es demasiado ácido, añada un poco de cal y si es demasiado alcalino, añada algo de azufre.

Al escoger las hierbas más apropiadas para cultivar, es necesario hallar el terreno mejor ubicado y orientado. La parcela debe tener las caras sur y este despejadas, mientras que por el norte y el oeste debe quedar protegida, ya sea por arbustos de alto crecimiento, coníferas o un muro.

El agua es un recurso vital, por lo que nunca deben plantarse hierbas lejos de una manguera o de un aspersor. Las plantas responden bien al agua de la lluvia y, por lo tanto, es conveniente almacenar este preciado recurso.

Los mejores suelos suelen ser los francos (con marga) que tiendan a presentar una textura arenosa más que arcillosa. El suelo perfecto es el ligero y rico en nutrientes; en un medio de estas características podrá cultivar cualquier tipo de hierba, independientemente de la especie.

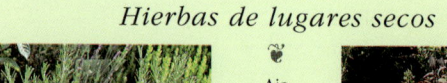

Hierbas de lugares secos

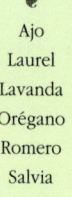

Ajo
Laurel
Lavanda
Orégano
Romero
Salvia
Tomillo

Hierbas de jardín

El cultivo de hierbas en un jardín de grandes dimensiones requiere cierta planificación; si visita algún jardín de hierbas importante obtendrá valiosas ideas para su casa. Con la observación de las plantas aprenderá cómo se ramifican ciertas especies y la altura que alcanzan. Por ejemplo, el romero necesita estar a unos 90cm de cualquier otra planta, mientras que el hinojo y la mejorana sólo a unos 30cm.

Los arriates son un buen método para cultivar hierbas en un jardín de cocina, aunque resultan atractivos en cualquier jardín. Constituyen una gran fuente de hierbas frescas, pero nunca se debe sobreplantar el área. En un jardín pequeño, el espacio

Introducción

Magníficos macizos con formas diferentes.

Hierbas de sombra

Angélica	Menta piperita
Aspérula olorosa	Perejil
Cebollino	Perifollo
Consuelda	Perifollo oloroso
Jengibre	Rábano rusticano
Matricaria	Violeta
Melisa	

disponible para plantar es el mayor factor restrictivo pero, con imaginación, puede encontrar infinidad de maneras de crear una presentación herbaria espectacular. La distribución de los arriates puede hacerse en cuadrados o círculos, según el emplazamiento y el número de hierbas que se desee cultivar. Tenga en cuenta que un jardín de cocina debe de estar próximo a la puerta trasera para facilitar el acceso. En este caso, es probable que algunas zonas se hallen a la sombra durante parte del día pero, afortunadamente, existen algunas hierbas muy útiles que crecen en zonas umbrías.

Hierbas en recipientes

Plantar hierbas en macetas y maceteros es un método muy común que resulta muy práctico cuando el espacio es reducido. Las macetas, que pueden apilarse a modo de pirámide, deben regarse regularmente y mantenerse próximas a la luz del sol. El número de hierbas que es posible disponer en un

Una manera inusual y atractiva de cultivar hierbas es en cascada.

recipiente depende del tamaño del mismo y de su emplazamiento. No olvide que las hierbas se ramifican y algunas crecen muy rápido, así que deje mucho espacio libre a la hora de distribuirlas.

Las jardineras de hierbas son alegres y decorativas. Pueden dar vida a cualquier pared apagada y no hay por qué confinarlas al alféizar de una ventana. Existe una

Las jardineras son ideales para la ventana de la cocina.

amplia gama de macetas y maceteros, pero la mejor opción es probablemente el diseño clásico de madera. Si se plantan hierbas, por ejemplo, en un recipiente de hierro forjado

Se pueden plantar hierbas en cualquier recipiente, como una balanza de cocina.

colgante, el viento secará demasiado la tierra. Algunos nuevos modelos de cestos colgantes disponen de un depósito incorporado en la base que puede suministrar agua durante una semana, lo que supone una buena solución, sobre todo durante los calurosos meses de estío. Las macetas vidriadas o de terracota son muy decorativas pero la escarcha puede llegar

a agrietarlas. No obstante, algunas están protegidas contra las heladas, lo que las convierte en la opción más apropiada.

Hierbas para plantar en recipientes

Albahaca
Cebollino
Estragón
Hisopo
Laurel
Lavanda
Matricaria

Melisa
Menta piperita
Orégano
Perejil
Romero
Salvia
Tomillo

Introducción

Una excelente manera de empezar a cultivar hierbas es en una maceta de fresas. Este recipiente mide unos 90cm de alto y contiene cavidades alrededor de su circunferencia donde pueden plantarse ejemplares pequeños. Con este método se aprovecha el espacio y es especialmente indicado para zonas reducidas como el balcón, la terraza o el exterior de la cocina.

Cuando se plante en un macetero, es aconsejable colocar algunos cascotes en la base para permitir el drenaje. Añada tierra de buena calidad mezclada con compost, plante las hierbas a unos 5cm de profundidad y presione el terreno firmemente. Si planta semillas, espárzalas por la superficie y cúbralas con un poco de tierra. Riegue con abundante agua.

Incluso en recipientes, algunas hierbas como el hinojo crecen mucho, mientras que otras como el estragón mantienen un tamaño pequeño debido al reducido espacio de que disponen las raíces. La poda le ayudará a mantener su cultivo a raya.

Hierbas de cultivo esenciales

La planificación de su jardín de hierbas es muy importante. ¿Desea hierbas para cocinar o las quiere para elaborar remedios medicinales? Merece la pena cultivar las hierbas culinarias pero

Hierbas culinarias populares

- Ajo
- Albahaca
- Alcachofa
- Angélica
- Bayas de enebro
- Cebollino
- Cilantro
- Clavo
- Eneldo
- Estragón
- Fenogreco
- Hinojo
- Hisopo
- Jengibre
- Laurel
- Mejorana
- Menta piperita
- Orégano
- Perejil
- Rábano rusticano
- Romero
- Salvia
- Tomillo

Introducción

Hierbas medicinales populares	
Ajo	Manzanilla
Alcaravea	Matricaria
Clavo	Melisa
Consuelda	Menta piperita
Equinacia	Romero
Hisopo	Salvia
Lavanda	Tomillo

Hierbas tóxicas
Adormidera
Cólquico
Dedalera
Hierba carmín
Lirio
Lirio de los valles
Primavera
Vincapervinca de Madagascar

seleccione sólo las que emplee con regularidad. Compruebe qué hierbas escasean en la cocina y cultívelas en primer lugar; así como mínimo se asegurará de que serán utilizadas. A medida que vaya aprendiendo más sobre las hierbas y se vuelva más aventurero, podrá añadir nuevas plantas a su colección.

A la hora de escoger una hierba para cultivar en casa, no olvide que algunas son tóxicas y deben evitarse siempre que sea posible o, en todo caso, deben situarse fuera del alcance de los niños o animales que puedan llevárselas a la boca.

Cuándo y qué plantar

Ajo (*Allium sativum*) La raíz bulbosa del ajo está formada por bulbillos (de 12 a 15). La planta se cultiva separando los bulbillos y plantándolos en un suelo ligero, seco y finamente desmenuzado con una separación de 6cm y a 4cm de profundidad. La mejor época para plantar es a principios de primavera, mientras que en verano es aconsejable atar las hojas para impedir que las plantas de ajo más vigorosas florezcan.

La cosecha se recoge hacia finales de verano y las raíces se atan en manojos que se cuelgan en un lugar seco para su uso posterior.

Cebollino (*Allium schoenoprasum*) Los cebollinos se multiplican rápidamente por división de raíces en otoño o primavera y pueden cultivarse en cualquier tipo de suelo o en cualquier ubicación. Se deben podar repetidamente durante el verano, lo que provocará el crecimiento de sucesivas hojas.

Introducción

Un pequeño arriate o macizo de cebollinos es fácil de cuidar y podrá cultivar esta planta durante tres o cuatro años, transcurridos los cuales deberá replantarla.

Angélica (*Angelica archangelica*) La angélica crece fácilmente a partir de semillas, que deben sembrarse al poco tiempo de haberse recogido. Donde mejor crece es en suelos húmedos y lo hace sumamente bien si se halla cerca de una acequia. Pese a ser una planta bienal, puede prolongar su vida durante años si poda los tallos con flores antes de que den grana.

Apio (*Apium graveolens*) Existen dos variedades de apio: uno de tallo hueco y otro de tallo sólido. Generalmente se prefiere cultivar el de tallo sólido.

El apio debe sembrarse en distintas épocas para garantizar la sucesión de plantas durante todo el año. La primera siembra se realiza a principios de primavera en un arriate protegido y la siguiente puede empezar a finales, en uno húmedo. Hacia mediados de primavera, las plantas de la primera siembra estarán listas para ser transplantadas a parterres de tierra rica, donde se deben plantar con una separación de 5cm. Entonces se riegan y se protegen de la luz directa del sol durante algunos días. Hacia finales de primavera, las plantas más maduras pueden trasplantarse a zanjas para su blanqueo. El método normal de trasplante y blanqueo es el siguiente: abra un surco de unos 90–120cm, de 30cm de profundidad y 30cm de ancho. Asegúrese de que el suelo de la base es fino y de buena calidad. El apio necesita un suelo húmedo, profundo y rico pero, aún así, ligero. La tierra extraída al abrir la zanja se deja a ambos lados para volver a usarla cuando se necesite y se poda la parte superior de las hojas largas y las raíces laterales; seguidamente se colocan las plantas en el fondo del surco con una separación de 5cm. A medida que crecen, se les va añadiendo tierra cada 10 días. Esto se ha de realizar con tiempo seco y sin cubrir el centro de la planta con tierra. Cuando las plantas sobrepasen el nivel del suelo, ya no quedará tierra de reserva, por lo que será necesario abrir otra zanja entre las hileras para continuar suministrando tierra hasta que los tallos de las hojas del apio se blanqueen 8cm. La última siembra puede resistir un invierno suave y el suelo en el que se trasplante debe estar seco. En inviernos rigurosos la plantación se debe cubrir con paja.

Rábano rusticano (*Armoracia rusticana*) El suelo apropiado para el rábano rusticano debe ser rico y profundo. Crece de los esquejes de las partes nudosas de la raíz que tienen una o dos yemas, los cuales se plantan en hileras a principios de primavera dejando un espacio de 30cm entre ellos. Los esquejes se plantan a 30cm de profundidad, como mínimo, y las raíces no se utilizan hasta el segundo año, cuando se arrancan. El arriate debería durar unos 4 o 5 años.

Alcaravea (*Carum carvi*) La alcaravea es una planta bienal que debe sembrarse poco después de que la semilla madure en otoño. Aclare las plantas durante la primavera siguiente, hasta espaciarlas 12cm. El suelo más apropiado para la alcaravea es el húmedo.

Alcachofa (*Cynara scolymus*) La alcachofa crece a partir de brotes enraizados, o chupones, arrancados de la planta principal durante la primavera. El suelo adecuado para esta planta es el franco ligero (frío, rico y profundo pero seco). Para preparar el cultivo, deben abrirse zanjas de 90cm de profundidad y se ha de dejar madurar el suelo durante unos días antes de plantar. La separación entre las plantas debe ser de 120cm y, hacia el final de la temporada, se puede recoger una pequeña cosecha de alcachofas. El segundo año se obtiene una cosecha abundante y, en la época de la recogida de las cabezas de alcachofa en otoño, deben cortarse los tallos a nivel del suelo.

Hisopo (*Hyssopus officinalis*) El suelo más conveniente para el hisopo es el pobre y seco. Esta hierba puede crecer durante los meses de primavera y su multiplicación se realiza a partir de semillas, brotes enraizados o esquejes.

Introducción

Lavanda (*Lavandula officinalis*) La lavanda se propaga a partir de esquejes o brotes jóvenes durante los meses de primavera. El mejor lugar para plantar lavanda es en un suelo seco, pobre o de grava.

Menta piperita (*Mentha piperita*) La menta piperita se adapta bien a la mayoría de suelos y crece fácilmente a partir de esquejes en primavera, de brotes en verano y por división de mata en otoño. Dado que las plantas de menta piperita a menudo son destruidas por el frío intenso, se recomienda cubrirlas ligeramente con paja.

Mejorana (*Origanum majorana*) Esta hierba crece a partir de semillas. En maceta, la mejorana se multiplica por esquejes y soporta bien el invierno. En plena tierra, puede cultivarse la mejorana de invierno, pero necesita un lugar protegido y un suelo seco. Se trata de una planta perenne que se multiplica mediante división en otoño.

Perejil (*Petroselinum crispum*) El perejil puede crecer en surcos poco profundos en el borde de un arriate y sus semillas se pueden sembrar a principios de primavera.

Romero (*Rosmarinus officinalis*) El romero crece con facilidad mediante el desqueje en primavera. Debe plantarse en un suelo seco emplazado en un lugar sombrío.

Salvia (*Salvia officinalis*) Cuanto más ligero y pobre sea el suelo, mejor crecerá la salvia. Se multiplica a partir de brotes en primavera y de esquejes en verano. Los esquejes —de unos 12cm de largo— deben despojarse de todas las hojas inferiores y plantarse próximos a la superficie de la tierra. La salvia se ha de regar con agua abundante y replantarse cada 3 o 4 años.

Tomillo (*Thymus vulgaris*) El mejor suelo para el tomillo es el ligero y seco que no haya sido abonado o fertilizado recientemente. Se propaga por división de mata y plantación de los brotes, o bien sembrando las semillas en primavera.

Introducción

RECOLECCIÓN DE HIERBAS

La recogida de hierbas tiende a fomentar su regeneración y estimula el desarrollo saludable de las plantas.

Al recolectar flores, conviene recoger el capullo antes de que se abra, ya que la mayoría de hierbas alcanzan su aroma óptimo justo antes de la floración. Las hierbas perennes pueden producir dos o tres cosechas durante la temporada de crecimiento pero es preferible dejar pasar un año antes de recolectar. Si se trata de plantas perennes, es importante no cortar por la parte leñosa. En el caso de las anuales, se pueden podar a 10cm del suelo dos veces durante la temporada de crecimiento y realizar una recolección final justo antes de las primeras heladas.

Si desea recoger las semillas, espere a que la vaina cambie de color. Para cerciorarse de que ha llegado el momento, golpee ligeramente la vaina; si caen semillas, ya puede recolectarlas.

Es importante que escoja plantas sanas, pues están cargadas de principios activos y aceites volátiles, con los que obtendrá los mejores extractos. Cuando recolecte hierbas, evite la contaminación de aromas metiendo cada esqueje en una bolsa distinta; así logrará preservar su fragancia y su contenido de aceite.

Recolección de partes de hierbas

Hojas y tallos Recoja las hojas y los tallos jóvenes y tiernos antes de que se endurezcan y se vuelvan leñosos.

Semillas Recoja las cabezuelas o las vainas de las semillas antes de que maduren demasiado. Córtelas y guárdelas en un lugar cálido y seco para que maduren.

Flores Cuando la flor se haya abierto del todo, córtela por el tallo, justo por debajo de la cabeza de la flor.

Bayas y frutos Es preferible recolectarlos cuando están maduros pero antes de que lo estén demasiado o de que los pájaros los dañen. Recoja los frutos y utilícelos inmediatamente o póngalos en conserva.

Rizomas, raíces y tubérculos Una vez que los tallos y las hojas se hayan secado, recolecte las partes subterráneas.

Maderas y cortezas Muchas plantas poseen cortezas o maderas que pueden ser utilizadas. Nunca extraiga la corteza de modo circular ya que dejaría a la planta sin protección contra las infecciones. Recolecte la corteza de ramas ya cortadas.

Introducción

SECADO DE HIERBAS

El secado al aire libre, colgando los manojos boca abajo, es el modo más natural para conservar hierbas.

LAS MEJORES HIERBAS para secar son el tomillo, el estragón, las hojas de laurel y el romero, ya que conservan su aroma y sabor durante largo tiempo, aunque no puedan compararse a los de un ramillete recién cogido. No merece la pena guardar hierbas secas durante más de 12 meses puesto que, después de ese período, el perfume y el sabor ya casi habrán desaparecido.

Al secar las hojas, es preferible recolectarlas justo antes de que los capullos se abran para garantizar que las hojas contengan la máxima concentración de aceite y principios esenciales. Hierbas como el tomillo y el estragón pueden atarse juntas y colgarse en manojos para su secado. En el caso de hierbas de hojas más grandes, como la menta, la albahaca y la salvia, recoja sólo las mejores hojas a primera hora de la mañana, antes de que el sol disipe sus aceites esenciales. Cuelgue los ramos en un lugar cálido y déjelos secar hasta que puedan desmenuzarse e introducirse en una botella.

Una vez secas, guarde las hierbas en botellas individuales indicando claramente el nombre de la hierba y la fecha de recolección. Las botellas deben estar limpias, ser herméticas y guardarse al abrigo de la luz y de la humedad.

Secado al aire

Se trata del método de conservación de hierbas más sencillo y que más se emplea. Tan sólo hay que extenderlas sobre una superficie seca o colgarlas atándolas con un trozo de cuerda. Las hierbas deberían secarse en dos días porque, de otro modo, la intensidad del aroma y la eficacia de los principios activos se reducirán considerablemente. Si las hojas se vuelven de color marrón oscuro o negro y aparecen hongos, es signo de que el proceso es demasiado lento y la hierba ya no es útil. Las condiciones ideales de secado son una temperatura de entre 20° y 23°C en un ambiente seco y bien ventilado. El sistema tradicional de colgar las hierbas en manojos incrementa la eficacia del método de secado. Extienda las flores y las hojas grandes sobre papel secante y déjelas secar en una cuerda de tender.

Las cabezuelas de semillas deben colgarse boca abajo para que las semillas caigan durante el proceso de secado sobre un trozo de papel secante limpio situado debajo.

Secado al horno

Este método no es recomendable para hojas y flores delicadas, ya que el calor destruiría todos los principios activos y los aceites. El secado al horno es apropiado para partes de la planta mayores, como raíces, rizomas y tubérculos, que requieren un secado intenso (50°–60°C) para una lograr una conservación correcta. El proceso de secado dura unas tres horas.

Recipientes de conserva

La conservación de sus hierbas secas dependerá de los recipientes en que las almacene. Un recipiente de vidrio transparente permitirá que la luz blanquee las hierbas, lo cual altera las substancias químicas de las plantas y los recipientes de plástico pueden crear humedad, que a su vez, puede provocar la aparición de hongos. Los mejores recipientes son los de vidrio oscuro o macetas de cerámica con tapas herméticas, que protegen el contenido de la luz y el aire. Guárdelos en un lugar frío y oscuro, y conseguirá que sus hierbas se conserven más tiempo.

Introducción

REMEDIOS HERBARIOS

Una relajante infusión de manzanilla
(Anthemis nobilis).

Infusiones y decocciones

Las infusiones se preparan añadiendo agua hirviendo a las partes delicadas de la hierba (flores, hojas y semillas). Generalmente, las infusiones se hacen de una sola hierba y nunca deben prepararse con más de tres.

Para preparar una infusión, mezcle 25 g de una hierba seca, o el doble si se trata de una fresca, con dos tazas y media de agua hirviendo (600ml). Cubra la tisana y déjela reposar durante 15 minutos. A continuación, cuele la mezcla, exprima las hierbas para obtener el máximo jugo posible y beba un par de tazas diarias. La salvia, la menta y la manzanilla son buenas hierbas para realizar infusiones.

En el caso de las partes más duras de la planta (madera, corteza y tallos), se utiliza la decocción para extraer los principios activos. Se emplean las mismas cantidades que para una infusión pero el agua y las hierbas se cuecen conjuntamente. La mezcla debe hervir a fuego lento durante 20 minutos antes de colarse y beberse.

Es preferible tomar los preparados a base de infusión y decocción el mismo día en que se preparan, aunque se pueden guardar en el frigorífico durante unas 24 horas.

Tinturas

Para elaborar una tintura, se han de empapar las hierbas —cualquiera de sus partes— en una mezcla de alcohol y agua durante dos semanas. El proceso extrae los principios activos de la planta, mientras el contenido de alcohol de la mezcla conserva la tintura durante unos dos años a partir de la fecha de elaboración. Transcurridas unas dos semanas, exprima la mezcla para obtener la tintura final e introdúzcala en un recipiente hermético. Es preferible elaborar tinturas a partir de una sola hierba y tan sólo combinarlas con otras tinturas cuando sea necesario. En su farmacia encontrará el alcohol que necesita para el proceso de extracción. Las tinturas comercializadas contienen alcohol etílico pero puede elaborar tinturas caseras con vodka (37,5%). Mezcle 3¼ tazas (750ml) de vodka con 2½ cucharadas (37,5ml) de agua y sumerja las hierbas en la mezcla.

Aceites

La extracción de los aceites de las plantas es un proceso complejo. La mayoría de aceites se extraen mediante destilación al vapor, método consistente en calentar el agua hasta el punto de ebullición y conducir el vapor a una gran cámara que contiene las hierbas. A medida que el vapor pasa a través del material herbario, se desprenden agua y aceites esenciales vaporizados, que atraviesan un condensador y son recogidos como aceite y agua floral. Los aceites de lavanda, mirra, sándalo y canelo se extraen mediante este procedimiento.

Este proceso aisla el aceite volátil del material de la planta y desecha otras substancias, como los taninos y los amargos. Redestilando a diferentes temperaturas se pueden separar los componentes de los aceites esenciales, como el alcanfor, del cual puede obtenerse alcanfor blanco, amarillo o marrón. Los aceites esenciales tienden a evaporarse cuando entran en contacto con el aire. Por lo tanto, mantenga bien cerradas las botellas de los aceites para conservar su aroma.

Al mezclar aceites para su uso en masajes, se recomienda emplear una combinación sencilla y no utilizar más de cuatro. Es totalmente válido usar un único aceite, que puede ejercer un efecto mucho más eficaz por sí solo que combinado con otros.

Aceites para masajes Los aceites para masajes están clasificados según la parte de la planta de donde han sido extraídos. Los aceites derivados de flores se denominan aceites altos y aportan el aroma de presentación que se percibe en

Introducción

primer lugar. Los extraídos de hojas se llaman aceites medios y su acción es más terapéutica. Por último, los aceites extraídos de las raíces y la madera son conocidos como aceites de base, ya que proporcionan una característica "fija" a una mezcla, dado su aroma más duradero. Una fórmula con una combinación equilibrada presenta todos estos tipos de aceite.

El aceite en que se mezclan los aceites esenciales se conoce como aceite neutro o base, y generalmente es aceite de pepita de uva o de almendra. También pueden utilizarse otros, como el aceite de germen de trigo o de aguacate pero, dada su naturaleza nutritiva, se suelen reservar para pieles muy secas.

Aceites para el baño La adición de unas pocas gotas de aceite esencial al baño (unas 5) puede resultar muy relajante y terapéutico. Este método puede irritar las pieles más sensibles, por lo que se debe consultar a un aromaterapeuta profesional. Pruebe a tomar un baño con manzanilla o lavanda para eliminar el estrés o el insomnio, o con aceite de romero para aliviar los dolores musculares y las articulaciones anquilosadas.

Vaporización de aceites Utilizar las propiedades evaporativas de los aceites esenciales puede ser una manera divertida y

Usar un quemador de aceite esencial es un excelente modo de perfumar una habitación.

agradable de perfumar una habitación. Unas pocas gotas en un pañuelo encima de un radiador impregnarán la habitación de un espléndido aroma que hará desaparecer el molesto humo del tabaco. Cuando alguien está enfermo en casa, los aceites esenciales purifican el ambiente y ayudan al enfermo congestionado a respirar mejor. Los aceites pueden incluso mejorar su estado anímico. Haga una prueba vaporizando aceites esenciales de eucalipto o menta en la habitación del enfermo.

Para relajarse, queme aceite de cedro e incienso, o aplique unas gotas en el casquillo de una bombilla.

Inhalación de vapores

No hay mejor modo de aclarar el pecho que mediante este método tradicional. Añada de tres a cinco gotas de menta, eucalipto o tomillo a un cuenco de agua caliente y cúbrase la cabeza con una toalla. Inhale profundamente el vapor emanado y sienta cómo se descongestionan sus vías respiratorias.

> **AVISO IMPORTANTE:**
> Los aceites y el vapor del tratamiento de inhalación pueden provocar ataques asmáticos en personas sensibles. Se recomienda encarecidamente a quienes padezcan asma que consulten previamente a su médico antes de utilizar este método de tratamiento.

Ingestión de aceites No es recomendable el uso interno de aceites esenciales a menos que se sepa exactamente qué aceite tomar y en qué cantidad. Muchos aceites pueden producir irritaciones gástricas y provocar graves reacciones adversas cuando se ingieren.

Cataplasmas y compresas

La mejor manera de elaborar cataplasmas es usando hojas, tallos y raíces frescas. Corte y machaque el material hasta convertirlo en una pasta, añadiendo agua para darle consistencia. Puede ayudarse de una licuadora o una picadora. El producto final se puede aplicar directamente sobre la piel o envuelto en gasas finas sujetas firmemente a la zona afectada.

La cataplasma puede aplicarse fría o caliente, pero el mejor método para que se mantenga activa es colocar una botella de agua caliente sobre la gasa durante unos 30 minutos. Esta operación se puede repetir cada dos o tres horas, según sea necesario.

Introducción

Una cataplasma hecha a partir de pan puede secar un furúnculo y llevar la infección a la superficie, mientras que una a base de hojas de col le ayudará a aliviar las articulaciones artríticas.

Para hacer una compresa, sólo tiene que empapar un trozo de tela de algodón o de toalla en una infusión de hierbas frescas (caliente o fría), una decocción o una tintura herbaria diluida. Aplíquela directamente en la zona afectada. Cuando emplee una infusión caliente, deje enfriar la compresa antes de cambiarla y si usa una fría, cámbiela cuando esté seca. Las compresas son especialmente adecuadas para dolores de músculos y ligamentos.

Ungüentos y cremas

Los ungüentos están destinados a untarse en la piel, sobre todo en zonas delicadas o que necesitan más hidratación. Se componen de aceites y grasas (como la vaselina o la parafina) y no contienen agua. Se puede emplear cualquier tipo de hierba pero la consuelda (*Symphytum officinale*), la caléndula (*Calendula officinalis*) y el sello de oro (*Hydrastis canadensis*) son especialmente apropiadas.

Cuando haya derretido el aceite o cera al baño María, añada lentamente las hierbas que haya escogido. Deje calentar durante dos horas y filtre la mezcla en un cuenco con la ayuda de una tela de muselina, exprimiéndola completamente. Decante el líquido rápidamente en tarros limpios y deje que se solidifique.

Las cremas se emplean cuando se necesita que la piel absorba la hierba. En su farmacia podrá adquirir ungüento emulsionante. Disuélvalo y añada las hierbas y un poco de agua; seguidamente, caliente la mezcla lentamente durante dos horas y media. Fíltrela con una tela de muselina y exprímala firmemente. Deposite la crema en tarros limpios y guárdelos en un lugar frío. Así podrá conservar su crema durante dos meses.

Introducción

USOS MEDICINALES

Es necesario recordar que, así como hay extractos de plantas beneficiosos para la salud, también existen otros muy tóxicos. El hecho de que estos extractos sean naturales no significa que sean inocuos; prueba de ello es que algunos de los venenos más mortíferos se obtienen a partir de plantas.

Para utilizar las hierbas medicinales de forma segura y eficaz, debe saber qué cantidad de extracto tomar y con qué frecuencia. Del mismo modo que una caja de aspirinas indica la cantidad de ácido acetilsalicílico de cada comprimido, una botella de hierbas medicinales debería indicarle la cantidad de principios activos que contiene. Así no solo evitará las sobredosis sino que también se asegurará de que el extracto que toma es de buena calidad. Tome como ejemplo la etiqueta de este remedio alternativo (véase cuadro).

Analicemos su significado. En ella figuran el nombre común y el nombre científico, lo que permite saber con exactitud cuál es el extracto contenido en el preparado. La dosis (en miligramos)

> Extracto raíz ginseng coreano (3:1)
> (*Panax ginseng*) 100mg
> Extracto raíz ginseng siberiano (5:1)
> (*Eleutherococcus senticosus*) 150mg
> Estandarizado para contener 1% de eleuterósidos

proporciona el peso del extracto de raíz pero sólo se conoce su intensidad cuando se tiene conocimiento de su concentración (por ejemplo, 3:1 o 5:1). Cuando el extracto se expresa en la forma 3:1, significa que cada comprimido o cápsula es tan potente como tres cápsulas de la hierba en polvo; 5:1 quiere decir que cada cápsula tiene la misma potencia que cinco cápsulas de la hierba en polvo. Dicho de otro modo, el extracto ha sido concentrado.

Cuando un extracto se estandariza, su contenido ha sido fijado y es consistente. El 1% de eleuterósidos del ejemplo indica que la proporción de principio activo del compuesto de ginseng de ese fabricante es del 1%. Un ginseng de mala calidad seguirá pesando lo mismo en polvo, pero no existe ninguna ley que obligue al fabricante a indicar si el extracto contiene principios activos; así pues, vale la pena saber interpretar las etiquetas.

En el caso de tinturas líquidas, los términos descriptivos varían de nuevo. Las tinturas se elaboran generalmente con una dosis de concentración de 1:5 o 1:10, lo cual significa que la proporción es de una parte de hierba por cinco o diez partes de líquido. En otras palabras, la cantidad de disolvente es cinco o diez veces mayor que la cantidad de hierba. Las tinturas se preparan normalmente utilizando un disolvente de agua y alcohol, en el que la hierba permanece sumergida durante horas —en ocasiones días— antes de ser exprimida y embotellada.

Los extractos de líquidos se elaboran empleando disolventes como el vinagre, el glicol o la glicerina, y destilando parte del líquido mediante destilación al vacío o a contracorriente. Con ambos métodos se logra la concentración final de 1:1, sin utilizar calor, obteniéndose así una parte de hierba por una de disolvente. Los extractos son, por lo tanto, de cinco a diez veces más concentrados que las tinturas.

Para los extractos sólidos se suelen utilizar métodos de evaporación en capa fina, mediante los cuales se elimina completamente el disolvente, y sólo queda el material de la planta sólido y seco. Esta substancia se puede trasformar en polvo fino e introducir en cápsulas. Para reconstituir el extracto líquido sólo hay que volver a añadir agua o alcohol.

Probablemente uno de los mayores progresos que la ciencia moderna ha aportado a la fitoterapia es la capacidad de crear métodos de extracción puros, seguros y estandarizados. Este logro ha contribuido al uso eficaz de los remedios herbarios, así como a la investigación de los componentes de las plantas. Los extractos estandarizados ofrecen al consumidor de hierbas un conocimiento universal de la dosis ingerida, independientemente de la calidad de la planta o el método de extracción.

Extractos estandarizados

Desde el principio de los tiempos, el ser humano se ha valido de las hierbas para mejorar su salud y bienestar. Con el propósito de usar correctamente los extractos herbarios, se han desarrollado unos extractos puros estandarizados destinados a garantizar el máximo nivel de calidad y consistencia. Para obtener uno de estos extractos, concentre la hierba mezclando la planta cruda con una cantidad adecuada de alcohol y agua. El alcohol y el agua son parcial o completamente eliminados para producir un extracto líquido, blando o sólido. Elaborar un extracto herbario es como refinar oro puro partiendo del material en bruto.

Los métodos modernos de laboratorio preservan los compuestos botánicos beneficiosos. Estos extractos suelen encontrarse en cápsulas en forma seca o en polvo, ya que ésta proporciona la máxima estabilidad al extracto final.

Estos extractos no son compuestos químicos aislados. Todas sus fórmulas contienen las mismas substancias que se hallan en la planta (aceites esenciales, flavonoides, alcaloides, glucósidos y saponinas), y además es importante que estén presentes en la proporción adecuada.

Importancia de la estandarización

*El ginseng coreano (*Panax ginseng*) se emplea como vigorizante.*

La composición química y la calidad de las hierbas puede variar enormemente en función de su lugar de cultivo, de las características del suelo y del modo y época en que se recolecten. Por lo tanto, un remedio herbario no estandarizado no puede garantizar ninguna consistencia.

Por ejemplo, el ginseng coreano (*Panax ginseng*) ha sido descrito en diversos estudios. Investigaciones independientes y estudios publicados han mostrado claramente una tremenda variación en el contenido del principio activo, llamado ginsenósido, de los preparados comerciales. La mayor parte contenían tan solo pequeñas cantidades de ginsenósido, mientras que otros no contenían nada en absoluto. Para solventar este problema, los fabricantes tenían que garantizar el nivel de estos componentes. El método para lograrlo es el proceso de los extractos puros estandarizados, que permite a los fabricantes indicar, por ejemplo, "*Panax ginseng* estandarizado para contener 17% de ginsenósidos." El consumidor puede así conocer la intensidad exacta del preparado y cerciorarse de su consistencia.

Introducción

El método Phytosome®

Este es probablemente el método más avanzado de preparación de un extracto herbario para uso humano. Los fitosomas resultan de la unión de moléculas vegetales y la fosfatidilcolina, un componente natural de las membranas celulares del organismo. Mediante el método Phytosome, el extracto herbario hidrosoluble queda rodeado por una cubierta que le permite atravesar fácilmente las membranas celulares. Los fitosomas preparados de este modo serán absorbidos activamente de la circulación por las células. Este método intensifica la acción de los compuestos vegetales al favorecer su absorción y aumentar su disponibilidad para el organismo. De otro modo, se necesitaría una dosis de extracto herbario efecto. El proceso Phytosome ha revolucionado el uso de tales hierbas.

Botiquín básico

Hay una serie de hierbas esenciales que se deberían guardar como tinturas, cápsulas o comprimidos y tener siempre a mano para su uso inmediato. Es aconsejable tener disponibles tinturas de equinacia (*Echinacea purpura*) y de valeriana (*Valeriana officinalis*), así como preparados de regaliz (*Glycyrrhiza glabra*), ginseng coreano (*Panax ginseng*) y arándano agrio (*Vaccinium macrocarpon*).

Las posibles combinaciones de hierbas que pueden guardarse en el botiquín son prácticamente ilimitadas y la selección que debe llevar a cabo depende de sus necesidades y las de su familia.

Hierbas medicinales básicas

Ajo (*Allium sativum*)
Áloe (*Aloe barbadensis*)
Arándano (*Vaccinium macrocarpon*)
Equinacia (*Echinacea purpura*)
Ginseng coreano (*Panax ginseng*)
Jengibre (*Zingiber officinalis*)
Manzanilla (*Anthemis nobilis*)
Matricaria (*Tanacetum parthenium*)
Regaliz (*Glycyrrhiza glabra*)
Valeriana (*Valeriana officinalis*)

*La equinacia (*Echinacea purpura*) estimula el sistema inmunitario.*

Introducción

USOS COSMÉTICOS

Merece la pena elaborar preparados cosméticos propios ya que sólo contienen ingredientes naturales.

Los extractos de plantas han sido utilizados desde la época de los antiguos egipcios como pintura corporal. Los antiguos britanos utilizaban el tinte azul obtenido del glasto (*Isatis tinctoria*) para pintar sus cuerpos de manera similar a como los nativos americanos usaban aceites y tintes a base de plantas.

Agua de flores

Muchas plantas se pueden usar frescas o secas. Las hierbas de hojas aromáticas son más eficaces a finales de verano pero son más frescas a principios. Estas plantas pueden secarse y, si se guardan correctamente, se pueden usar todo el año. Para obtener los mejores resultados, las plantas deben secarse justo después de su recolección para conservar los aceites aromáticos.

Lave la planta con agua fría y elimine todo el material seco. Colóquela en una cacerola limpia donde quepan dos manojos de plantas. Llénela de agua y a continuación, hierva las plantas a fuego lento para que liberen los aceites aromáticos. Normalmente, basta con 15 ó 20 minutos. Transcurrido ese tiempo, cuele la mezcla, decántela en pequeños tarros de conserva y guárdela en un lugar frío para conservar los extractos frescos.

Introducción

Leche limpiadora

1 taza (250ml) de suero de leche
2 cucharadas de flores de manzanilla
2 cucharadas de flores de saúco
2 cucharadas de flores de tilo

*Manzanilla (*Anthemis nobilis*).*

Caliente todos los ingredientes en una cazuela durante 30 minutos pero no deje que la mezcla llegue a hervir. Pasado ese tiempo, deje enfriar la mezcla durante unas dos horas antes de colarla y guardarla en una botella. Métala en el frigorífico y úsela antes de una semana. La leche limpiadora debe aplicarse antes que la loción tónica.

Loción tónica

Mezcle partes iguales de aguas de flores (rosa, lavanda, flor de saúco y azahar). Combine dos cucharadas de la mezcla con dos cucharadas de zumo de limón y dos de olmo escocés. Para conseguir un efecto calmante, añada unas gotas de aceite esencial (lavanda, geranio o rosa) y mezcle bien los ingredientes. Guarde la loción en un lugar frío y aplíquela por la mañana y por la noche para devolver a su piel la textura natural y limpiar los poros.

Astringente

Prepare una infusión de flores de tilo o de ulmaria, deje enfriar y, seguidamente, cuélela. Mezcle 1¼ tazas (300ml) de agua hirviendo con una cucharadita de olmo escocés. A continuación, vierta la mezcla de olmo escocés en el agua de flores.

El olmo escocés relaja y suaviza la piel al tiempo que actúa como profundo agente limpiador. Utilice esta fórmula por la mañana y por la noche.

Introducción

USOS DOMÉSTICOS

LAS HIERBAS Y LAS PLANTAS aromáticas se han usado en los hogares durante siglos. Los popurrís y las pomas de incienso se empleaban a menudo en tiempos medievales para perfumar el aire, mientras que los antiguos egipcios combinaban hierbas aromáticas con fines decorativos y medicinales.

*La lavanda (*Lavandula officinalis*) es una de las pocas flores que retiene su aroma una vez seca y es ideal para popurrís.*

Popurrí

Un popurrí puede aportar una característica aromática única a su salón o dormitorio. Cuatro componentes forman los popurrís: flores, hojas, especias y un fijador, llamado aceite de base en aromaterapia. El fijador es necesario para mantener el popurrí compacto. La substancia aromática escogida libera su fragancia lentamente, proporcionando un aroma duradero a la mezcla.

La ventaja de elaborar su propio popurrí, en lugar de comprarlo, es que así puede elegir la combinación que más le guste. Seleccione los ingredientes para su popurrí con ayuda de las siguientes sugerencias.

Introducción

FLORES
- *Azahar*
- *Flor de tilo*
- *Jaramago*
- *Lavanda*
- *Lirio de los valles*
- *Madreselva*
- *Narciso*
- *Rosa*
- *Saúco*

HOJAS
- *Albahaca*
- *Aspérula*
- *Bergamota*
- *Estragón*
- *Laurel*
- *Mejorana*
- *Melisa*
- *Romero*
- *Salvia*
- *Tomillo*
- *Verbena*

ESPECIAS
- *Anís*
- *Anís estrellado*
- *Cardamomo*
- *Cilantro*
- *Clavo*
- *Jengibre*
- *Nuez moscada*
- *Pimienta de Jamaica*
- *Semillas de eneldo*
- *Vainilla*

FRAGANCIAS DE BASE
- *Incienso*
- *Mirra*
- *Raíz de ácoro*
- *Sándalo*

El popurrí debe guardarse en un recipiente hermético en un lugar cálido y seco entre cuatro y seis semanas antes de ser utilizado.

El secado de flores La temperatura de secado ideal es de unos 24°C. Las flores deben extenderse de modo uniforme sobre gasas o papel de periódico sin que se solapen y hay que girarlas a diario. Los pétalos más pequeños deben secarse durante siete días, mientras que los más gruesos y de mayor tamaño pueden tardar hasta tres semanas. Algunas flores como la lavanda o la manzanilla pueden secarse con tallos; por ello es preferible atarlas en manojos y colgarlas boca abajo para secarlas.

Popurrí aromático

Flores
3 tazas de pétalos de rosa
2 tazas de lavanda
1 taza de clavo

Hojas
¼ taza de romero
½ taza de bergamota
¼ taza de hojas de laurel
½ taza de abrótano

Flores de color
¼ taza de caléndula
½ taza de nomeolvides

Especias
½ cucharada de clavo molido
1 cucharada de pimienta de Jamaica

Aceite de base fijador
5 cucharadas de aceite de sándalo

Introducción

USOS CULINARIOS

Cualquier ensalada se puede aliñar con aceites aromáticos. Guárdelos en lugares frescos y oscuros.

Cuando se emplean en cocina, las partes delicadas y aromáticas de las plantas tienden a ser clasificadas como hierbas, mientras que los extractos aromáticos secos de las cortezas, los capullos de las flores, los frutos, las semillas y las raíces se conocen colectivamente como especias. El término "condimentos" hace referencia a las especias que se añaden a los alimentos una vez cocinados y servidos.

En el mercado existen también numerosas especias y hierbas compuestas: la especia de manzana es una mezcla de canela, nuez moscada, azúcar y otras especias aromáticas; y la especia de calabaza está hecha de canela, jengibre, nuez moscada y clavo. Pruebe a emplear sal y papaína (procedente de la papaya) para obtener una carne más tierna. En barbacoas, utilice hierbas indias e italianas para crear un sabor especial.

También se puede recurrir a una interesante variedad de condimentos compuestos que a menudo contienen sal marina y una mezcla de numerosas hierbas, como pimientos morrones, ajo, cebolla, y otras muchas. La combinación de sal de hierbas

Introducción

Herbamare (fabricada por Bioforce) es un preparado de hierbas de cultivos biológicos que han macerado de seis a ocho semanas en sal marina antes de que se elimine la humedad usando un método especial de vacío a baja temperatura. Este método de fabricación conserva el aroma y el sabor de los ingredientes herbarios. Así pues, esta combinación salada, hecha a partir de hojas y raíces de apio, puerro, berro, cebolla, cebollino, perejil, levístico, albahaca, ajo, mejorana, romero, tomillo y varec contiene nutrientes y yodo natural. El Trocomare, una versión más picante que incorpora rábano rusticano y pimiento morrón, se elabora de modo similar.

No hay que olvidar que el secreto de una buena condimentación es usar justo lo necesario para realzar el guiso, sin sobrecargar el resultado final con el sabor de las hierbas. Las especias molidas pierden rápido su sabor y no son adecuadas para guisos que requieren un largo tiempo de cocción. En estofados o sopas, añádalas en los últimos 20 minutos.

Para conseguir la misma intensidad de sabor que con hierbas secas, use una cantidad doble de hierbas frescas, pero recuerde que la calidad de sabor de éstas no es comparable a la de las secas. Las distintas hierbas y especias tienen sus propias afinidades con los alimentos, lo que hace de la cocina una actividad apasionante.

Añada hierbas a sus conservas para intensificar su sabor. Con una o más hierbas obtendrá deliciosas combinaciones.

Introducción

Hierbas para cocinar

Ajo (*Allium sativum*) El ajo acostumbra a ser más fuerte que la cebolla. No utilice una tabla de madera para picar o majar el ajo porque acabará empapada de aceites aromáticos. Añádalo a las sopas, a los platos de pescado, al cordero asado, a los estofados de carne, a los platos de ave y a la pasta. Las verduras saben mejor si se preparan con una pizca de ajo. Haga la prueba con tomates, pimientos morrones verdes, alcachofas, berenjenas y espinacas. La salsa vinagreta queda incompleta sin un poco de ajo. Úselo también en marinadas y mézclelo con mantequilla para hacer pan de ajo al horno.

Cebollino (*Allium schoenoprasum*) El cebollino aporta un suave sabor a cebolla, que resulta mejor recortando las hojas y añadiéndolas al plato inmediatamente, antes de que los aceites se evaporen. Pruebe a añadir cebollino a verduras de todo tipo, pescados, ensaladas, patatas al horno, tortillas y huevos. Esta hierba da color a las guarniciones y combina bien con perejil picado. Use las flores para aderezar sopas y platos salados.

Eneldo (*Anethum graveolens*) El eneldo tiene un sabor ligeramente anisado. Use las hojas picadas en ensaladas, platos de verduras —quedan muy bien con calabacines grandes, tomates, remolacha y col— y con huevos. Aderece sus platos de pescado con una ramita y hojas de eneldo. Las semillas se pueden usar con el cordero y el cerdo asados, los estofados, el pescado, el chucrut y la col. El eneldo es también un buen acompañamiento de los platos con queso.

Angélica (*Angelica archangelica*) Úsela con cuidado ya que su penetrante sabor podría resultarle demasiado intenso. Los tallos se confitan y se emplean para decorar tartas y postres, mientras que las hojas y las raíces se pueden utilizar en las compotas de frutas como alternativa al azúcar. La angélica picada puede usarse en ensaladas, vino caliente y bebidas de frutas.

Rábano rusticano (*Armoracia rusticana*) Posee un sabor intenso y picante, similar al de la mostaza. La raíz cortada en juliana se usa en salsas, mezclada con nata líquida y vinagre. Se emplea con el marisco y pescado ahumado, y es el acompañamiento clásico del rosbif, ya que ayuda a digerirlo. También acompaña a los platos de ave, la remolacha y los tomates.

Semillas de alcaravea (*Carum carvi*) Las semillas de alcaravea tienen un sabor a regaliz más fuerte que el anís. Se emplean enteras en las albondiguillas de sopas y estofados, en el gulash y en platos de verdura, sobre todo con col blanca y roja, coliflor, remolacha, nabos y patatas. Agregue las semillas a la masa del pan de centeno o sencillamente a la masa del pan habitual para obtener un aroma y sabor especiales. Triture las semillas de alcaravea antes de agregarlas a estofados y verduras como el calabacín, las judías, la col, el tomate o la ensalada de patata.

Cilantro (*Coriandrum sativum*) El cilantro es una hierba versátil cuyas hojas y semillas verdes poseen un intenso aroma. Use un puñadito de hojas jóvenes picadas en sopas, estofados de carne, platos de ave, ensaladas, verduras e incluso postres. Pruebe a agregar las hojas y las semillas verdes al curry.

Cúrcuma (*Curcuma longa*) La cúrcuma es inconfundible dado su distintivo color y su exquisito aroma. Se utiliza molida en platos de pescados y mariscos, en curries, estofados y en platos de arroz y verduras. Agregue un poco de cúrcuma a sus salsas picantes y condimentos caseros.

Hinojo (*Foeniculum vulgare*) El hinojo posee un aroma más intenso que el eneldo y un gusto anisado similar. Es un buen acompañamiento para el pescado, en particular para el azul. Ase el pescado a la parrilla colocándolo sobre ramitas de hinojo seco y úselo del mismo modo que el eneldo. Las semillas pueden agregarse al caldo de pescado o a la masa del pan.

Hisopo (*Hyssopus officinalis*) El hisopo posee un ligero sabor amargo con regusto a menta. Las hojas tiernas se usan en sopas y con pescado azul. Esta hierba también puede acompañar a estofados, ensaladas, rellenos y cócteles de frutas. Los arándanos agrios, melocotones y albaricoques son deliciosos con hisopo.

Bayas de enebro (*Juniperus communis*) Las bayas de enebro se suelen usar secas y pueden prensarse un poco para que liberen su fuerte sabor agridulce. Agregue un puñadito de bayas a sus platos de arroz, salsas, marinadas y condimentos o úselas con carnes de caza y cerdo, y como un delicioso ingrediente para rellenos.

Introducción

Hojas de laurel (*Laurus nobilis*) Añada las hojas de laurel al iniciar el guiso. Proporcionan un intenso aroma a las sopas y los estofados. El laurel se puede emplear con todo tipo de carnes y también se usa con platos dulces; añádalo a postres lácteos y natillas.

Las hojas de laurel son parte esencial de un *bouquet garni*. Para componer uno, coja una hoja de laurel, tres o cuatro ramitas de perejil y un ramillete de tomillo. Envuélvalo con una tela de muselina y átelo fuertemente. Si lo desea, puede agregar otras hierbas a su gusto.

Menta piperita (*Mentha piperita*) Las hojas de menta piperita son ideales para acompañar ensaladas, postres y gelatinas.

Albahaca (*Ocimum basilicum*) La albahaca da un sabor picante a los platos. Las hojas, troceadas pero no picadas, pueden añadirse a sopas, pescados, huevos y carnes. Mezcle albahaca con arroz, verduras o pasta mientras se cuecen. Bien triturada, puede usarla en vinagreta para ensaladas.

Mejorana (*Origanum majorana*) La mejorana tiene un sabor dulce y acre, y resulta muy versátil en la cocina. Las hojas pueden picarse y añadirse a la sopa, a la carne, a las verduras, a la ensalada y a la pasta. Las patatas, zanahorias, coles y apios saben mejor mezclados con un poco de mejorana. Añádala al queso, a los huevos y al pescado. El orégano (*Origanum vulgare*) pertenece a la misma familia pero su sabor es más intenso.

Introducción

Perejil (*Petroselinum crispum*) El perejil está considerado una de las hierbas más versátiles por su distintivo sabor. Los tallos poseen un sabor más fuerte que las hojas, por lo que se aconseja utilizarlos en estofados, caldos y marinadas. Para sopas, pescados y carnes, utilice hojas recién picadas. Un *bouquet garni* debe contar con un ramito de perejil y como guarnición, el perejil da color y textura a cualquier plato.

Romero (*Rosmarinus officinalis*) El romero puede recargar demasiado un plato ya que es una hierba aromática muy intensa. Coloque ramilletes de romero bajo el cordero asado o en el interior del pollo. Las hojas picadas son adecuadas para sopas, pescados, bacon, jamón y cualquier estofado de carne. Esta hierba combina bien con el calabacín, los guisantes, los pimientos morrones, las patatas y el pan.

Salvia (*Salvia officinalis*) La salvia tiene un fuerte sabor inconfundible. Es ligeramente amarga e ideal para alimentos grasos, probablemente porque estimula el flujo de bilis que facilita las digestiones pesadas. Las hojas picadas son perfectas para el cerdo, el pato y las salchichas. En cuanto a verduras, la salvia combina bien con el tomate, los pimientos morrones, las judías secas, las berenjenas y las cebollas. Esta planta es un ingrediente vital en los rellenos.

Clavo (*Syzygium aromaticum*) El clavo posee un picante e intenso sabor. Se puede incrustar entero en una cebolla y añadirse a sopas o estofados para conseguir un sabor aromático. Rellene carne de vaca o jamón con clavo antes de cocinar. Use esta especia en los platos de carne y curries con verduras. El clavo combina muy bien con la remolacha, la batata y la endibia belga. La fruta al horno y el relleno de la tarta de frutas se prestan al condimento del clavo. Úselo también en la tarta de calabaza.
El vino caliente y el *ale* nunca deberían prepararse sin clavo.

Tomillo (*Thymus vulgaris*) El tomillo posee un fuerte aroma muy particular. Todo *bouquet garni*, todo caldo y toda marinada debe de tener su ramillete de tomillo. Añada las hojas picadas a las sopas, pescados, mariscos, carnes y aves. Se trata de una hierba muy versátil que combina bien con remolacha, champiñones, pasta, arroz, tomates, judías y pan.

Fenogreco (*Trigonella foenum-graecum*) El fenogreco tiene un regusto amargo. Úselo molido en sopas de verduras y de judías, curries, estofados de carne y salsas picantes caseras.

Jengibre (*Zingiber officinale*) El jengibre, cuando es fresco, desprende un fabuloso aroma. El hecho de ser intenso y picante hace de esta especia un buen acompañamiento para la comida china e india. Use la raíz seca en salsas picantes y caldos. Molida puede extenderse sobre melón o pomelo y agregarse a sopas, verduras y pasteles.

Hierbas culinarias imprescindibles

Si le gusta experimentar en la cocina y sus técnicas culinarias son avanzadas, necesita disponer de una amplia gama de hierbas. Sin embargo, si su experiencia culinaria es limitada, elija una serie de hierbas básicas. Empiece con perejil, salvia, laurel, menta piperita, ajo, cilantro, orégano, clavo y jengibre. Más adelante, cuando su confianza aumente, podrá agregar nuevas hierbas a la selección que guarde en su cocina.

Hierbas culinarias básicas

Ajo	Mejorana
Albahaca	Menta piperita
Cilantro	Orégano
Estragón	Perejil
Hinojo	Romero
Jengibre	Salvia
Laurel	Tomillo

GUÍA DE HIERBAS

Aviso importante:
En cualquier caso se recomienda consultar a un médico antes de embarcarse en un programa de autotratamiento. Las hierbas medicinales son eficaces y seguras siempre y cuando se usen en las condiciones adecuadas. Este libro pretende ser lo más educativo, preciso e informativo posible, pero los consejos que aquí aparecen nunca deben sustituir a los de un profesional.

LISTA DE HIERBAS POR SU NOMBRE COMÚN

Abrótano	Artemisia abrotanum	69
Ácoro	Acorus calamus	49
Agrimonia	Agrimonia eupatoria	51
Ajo	Allium sativum	53
Albahaca	Ocimum basilicum	111
Alcachofa	Cynara scolymus	84
Alcaravea	Carum carvi	76
Alfalfa	Medicago sativa	108
Áloe	Aloe barbadensis	56
Amapola de California	Eschscholzia californica	88
Amaro	Salvia sclarea	132
Geranio americano	Geranium maculatum	94
Angélica	Angelica archangelica	59
Apio	Apium graveolens	63
Árnica	Arnica montana	67
Astrágalo	Astragalus membranaceus	70
Arándano agrio	Vaccinium macrocarpon	148
Arándano silvestre	Vaccinium myrtillus	150
Avena	Avena sativa	71
Bardana	Arctium lappa	64
Borraja	Borago officinalis	72
Caléndula	Calendula officinalis	73
Cardo mariano	Silybum marianum	136
Castaño de Indias	Aesculus hippocastanum	50
Cayena	Capsicum frutescens	74
Cebollino	Allium schoenoprasum	55
Centaura	Centaurium erythraea	77
Cilantro	Coriandrum sativum	81
Cimicífuga	Cimicifuga racemosa	79
Clavo	Syzygium aromaticum	139
Cola de caballo	Equisetum arvense	87
Consuelda	Symphytum officinale	137
Cúrcuma	Curcuma longa	83
Diente de león	Taraxacum officinale	142
Endrino	Prunus spinosa	124
Enebro	Juniperus communis	102
Eneldo	Anethum graveolens	58
Espino	Crataegus oxyacantha	82
Equinacia	Echinacea purpura	85
Eucalipto	Eucalyptus globulus	89
Eufrasia	Euphrasia officinalis	91
Fenogreco	Trigonella foenum-graecum	144
Gayuba (aguavilla o uvaduz)	Arctostaphylos uva-ursi	65
Ginkgo	Ginkgo biloba	95
Ginseng	Panax ginseng	117
Ginseng (Siberiano)	Eleutherococcus senticosus	86

Gordolobo	*Verbascum thapsus*	152
Gotu kola	*Centella asiatica*	78
Harpagófito	*Martynia annua*	107
Hierba del asno	*Oenothera biennis*	112
Hinojo	*Foeniculum vulgare*	92
Hipérico	*Hypericum perforatum*	99
Hisopo	*Hyssopus officinalis*	100
Hojas de frambueso	*Rubus idaeus*	127
Hojas de sasafrás	*Umbellularia californica*	146
Jazmín	*Jasminum officinale*	101
Jengibre	*Zingiber officinale*	156
Kava kava	*Piper methysticum*	120
Lavanda	*Lavandula officinalis*	104
Lino	*Linum usitatissimum*	106
Lúpulo	*Humulus lupulus*	97
Llantén mayor	*Plantago major*	122
Malvavisco	*Althaea officinalis*	57
Manzanilla romana	*Anthemis nobilis*	61
Matricaria	*Tanacetum parthenium*	140
Mejorana	*Origanum majorana*	116
Melisa	*Melissa officinalis*	109
Menta piperita	*Mentha piperita*	110
Milenrama	*Achillea millefolium*	48
Mirra	*Commiphora molmol*	80
Mundillo	*Viburnum opulus*	154
Olivo	*Olea europaea*	114
Ortiga	*Urtica dioica*	147
Papaya	*Carica papaya*	75
Perejil	*Petroselinum crispum*	118
Pie de león	*Alchemilla vulgaris*	52
Rábano rusticano	*Armoracia rusticana*	66
Regaliz	*Glycyrrhiza glabra*	96
Romero	*Rosmarinus officinalis*	125
Rusco	*Ruscus aculeatus*	128
Salvia	*Salvia officinalis*	130
Sauce blanco	*Salix alba*	129
Saúco	*Sambucus nigra*	133
Sello de oro	*Hydrastis canadensis*	98
Tanaceto	*Tanacetum vulgare*	141
Tercianaria	*Scutellaria baicalensis*	135
Tomillo	*Thymus vulgaris*	143
Tormentila	*Potentilla tormentilla*	123
Tusilago	*Tussilago farfara*	145
Valeriana	*Valeriana officinalis*	151
Verbena	*Verbena officinalis*	153
Yuca	*Yucca gloriosa*	155

Guía de hierbas

MILENRAMA

Achillea millefolium

SE CREE QUE el nombre en latín de esta planta proviene del héroe griego Aquiles, que la utilizaba para curar las heridas de sus soldados durante la Guerra de Troya. En infusión, esta hierba estimula el sistema circulatorio y ayuda a reducir la presión sanguínea. También posee acción diaforética, lo que la convierte en hierba útil para bajar la fiebre que causan los catarros y las gripes. La milenrama tiene virtudes antisépticas y antiinflamatorias que se emplean para controlar hemorragias y reducir la diarrea y la disentería. Asimismo puede usarse para aliviar la indigestión, la flatulencia y la dispepsia. Externamente, la milenrama se emplea para curar heridas leves y para limpiar y tonificar la piel.

PARTES UTILIZADAS
- *Hojas y flores.*

USOS MEDICINALES
- *Para preparar una infusión, añada 2 cucharaditas de hierbas (5–10ml) a 2½ tazas de agua (600ml) hirviendo y deje en infusión durante 5 minutos.*
- *Úsela externamente en forma de cataplasma para curar cortes y rasguños.*

PROPIEDADES
- *Estimula el sistema circulatorio.*
- *Reduce la presión sanguínea.*
- *Tiene acción febrífuga.*
- *Posee propiedades antisépticas.*
- *Posee propiedades antiinflamatorias.*
- *Reduce la diarrea.*
- *Alivia la indigestión.*

USOS COSMÉTICOS
- *Las flores pueden usarse en cremas y lociones limpiadoras para la piel. Algunos tónicos cutáneos incorporan milenrama como astringente para pieles grasas.*

USOS CULINARIOS
- *Las hojas frescas y tiernas se utilizan en ensaladas.*

ADVERTENCIA: No usar durante largos periodos ya que podría causar irritación cutánea. Evitar en caso de embarazo.

Guía de hierbas

ÁCORO

Acorus calamus

Esta hierba tiene usos medicinales y culinarios. Sus tallos tiernos subterráneos (rizomas) se escarchan para hacer caramelo y sus raíces contienen aceites volátiles de potente acción antibiótica. Por vía interna, puede estimular la digestión y servir como remedio a la bronquitis y a la sinusitis, mientras que su aplicación externa sirve para aliviar las articulaciones reumáticas y los dolores musculares. También se usa como agente carminativo y para reducir los espasmos musculares asociados a los dolores nerviosos.

Partes utilizadas
- *Raíces, rizomas y aceite.*

Usos medicinales
- *Tome 20 gotas de tintura líquida dos veces al día antes de las comidas.*
- *Use compresas para aliviar los dolores musculares y articulares.*

Propiedades
- *Mitiga la bronquitis.*
- *Reduce la sinusitis.*
- *Estimula la digestión.*
- *Alivia los dolores musculares y articulares.*
- *Puede paliar la neuralgia.*

Usos culinarios
- *Se usa para hacer caramelo.*

CASTAÑO DE INDIAS

Aesculus hippocastanum

EL CASTAÑO DE INDIAS es un árbol originario de Asia que puede alcanzar 30m de altura y cuyas semillas contienen una esencia amarga y narcótica.

La fitoterapia utiliza esta hierba para numerosas aplicaciones. Por vía interna actúa como diurético suave y ejerce una acción antiinflamatoria. Puede asimismo favorecer el flujo y el intercambio de fluidos en el organismo y reducir las inflamaciones provocadas por la mala circulación. Así pues, la congestión que se produce en los casos de varices se puede aliviar mediante el uso regular del extracto de castaño de Indias. La mejoría experimentada por quienes han sufrido una apoplejía o padecen eritemas u otras afecciones asociadas a la mala circulación pone de manifiesto su capacidad para resolver problemas circulatorios, al fomentar el flujo de sangre oxigenada a todas las zonas del organismo.

PARTES UTILIZADAS
- *Corteza y semillas.*

USOS MEDICINALES
- *Tome de 15 a 20 gotas de tintura líquida dos veces al día.*
- *Aplique esta hierba en forma de crema directamente sobre las varices.*

PROPIEDADES
- *Actúa como diurético suave.*
- *Regula la circulación.*
- *Reduce las inflamaciones.*
- *Alivia las varices.*
- *Estimula el flujo de sangre oxigenada a todo el cuerpo.*

USOS COSMÉTICOS
- *Se puede usar como loción para la circulación cutánea.*

AGRIMONIA

Agrimonia eupatoria

En tiempos de los anglosajones, la agrimonia se utilizaba externamente para cicatrizar las heridas y durante el siglo xv, los franceses la usaron para tratar las heridas de bala. Los principios responsables de las acciones medicinales han sido calificados de astringentes. Estas substancias tienen la virtud de cerrar heridas y controlar el flujo sanguíneo.

Otras funciones medicinales de esta planta residen en los principios amargos presentes en los extractos. Los amargos hacen que la vesícula biliar se contraiga y libere la bilis almacenada, y estimulan el flujo de jugos digestivos. La agrimonia también reduce la inflamación de la mucosa gástrica producida a menudo por las alergias a los alimentos. Aplicada externamente, esta hierba alivia los síntomas del eccema.

Partes utilizadas
- *Toda la planta.*

Usos medicinales
- *Tome 20 gotas de tintura líquida dos veces al día antes de las comidas.*
- *Use compresas de agrimonia para tratar el eccema.*

Propiedades
- *Controla las hemorragias cuando se aplica en compresas.*
- *Favorece la digestión y las funciones del hígado.*
- *Es útil en algunos casos de alergia a alimentos.*
- *Reduce las irritaciones de piel producidas por el eccema.*

Usos cosméticos
- *Los lavados faciales con hojas de agrimonia mejoran el cutis.*

PIE DE LEÓN

Alchemilla vulgaris

ANTIGUAMENTE SE CREÍA que las hojas del pie de león poseían poderes mágicos especiales; tan arraigada estaba esta creencia que la traducción de su nombre científico (*Alchemilla*) es "la pequeña mágica".

Se ha utilizado para numerosas dolencias femeninas y se creía que era capaz de reconstituir la belleza de la mujer. En el tratamiento de trastornos menopáusicos, sus propiedades astringentes y antiinflamatorias contribuyen a controlar el flujo irregular, un efecto que impulsó su uso para tratar problemas menstruales en mujeres jóvenes. Si se ingiere, el pie de león ayuda a regular el flujo menstrual excesivo o irregular y también resulta eficaz contra la diarrea. Aplicado externamente, es muy útil para el tratamiento de la leucorrea.

PARTES UTILIZADAS
- *Toda la planta.*

USOS MEDICINALES
- *Tome 20 gotas de tintura líquida dos veces al día.*
- *Prepare una infusión con una cucharadita (15ml) de polvo seco, cuélela y aplíquela por la mañana y por la noche.*

PROPIEDADES
- *Controla el exceso de flujo.*
- *Regula el flujo menstrual.*
- *Cura infecciones vaginales.*
- *Reduce la diarrea.*

USOS COSMÉTICOS
- *Las lociones a base de hojas de pie de león sirven de astringente para pieles grasas.*

Guía de hierbas

AJO
Allium sativum

Parece que no pase un solo día sin que se descubra algún nuevo efecto beneficioso del ajo, una hierba adorada ya por los antiguos egipcios con la que alimentaban a los esclavos para mantenerlos sanos y fuertes.

Por vía interna, los aceites volátiles de esta planta mantienen los pulmones a salvo de infecciones, tales como la neumonía, la bronquitis y el asma. El tratamiento de dichas afecciones debería ir seguido de una dosis diaria preventiva de ajo.

Es posible reducir el riesgo de enfermedades cardíacas causadas por la acumulación de colesterol mediante dosis regulares de ajo pues se ha demostrado que, tras su ingestión, el colesterol "nocivo" (lipoproteínas de baja densidad [LDL]) disminuye, mientras que el colesterol "beneficioso" (lipoproteínas de alta densidad [HDL]) aumenta. Por otra parte, la adherencia de las plaquetas sanguíneas también disminuye considerablemente.

Cabe destacar que esta planta posee una potente acción antimicrobiana capaz de combatir las infecciones fúngicas.

Recientes investigaciones sugieren que el ajo contiene substancias anticancerígenas, si bien esta área de estudio está aún por desarrollar.

Sus aceites aromáticos también aportan muchas propiedades curativas. Evite los preparados desodorizados.

Guía de hierbas

El alioli es un clásico plato catalán, elaborado a base de dientes de ajo triturados, aceite y sal.

Partes utilizadas
🌿 Bulbo.

Usos medicinales
🌿 Tome 2 ó 3 cápsulas de ajo diariamente con las comidas.
🌿 Tome 1 ó 2 cucharaditas (5–10ml) de tintura diarias.
🌿 Para su aplicación externa, maje y aplique tópicamente una pasta en la zona afectada.

Propiedades
🌿 Protege contra las afecciones cardíacas.
🌿 Reduce el colesterol LDL.
🌿 Reduce la presión sanguínea.
🌿 Lleva a cabo una actividad antimicrobiana.
🌿 Tiene acción fungicida.
🌿 Combate las infecciones de pecho.
🌿 Puede ser anticancerígeno.
🌿 Protege contra los coágulos sanguíneos.

Usos culinarios
🌿 El ajo realza el sabor de muchos alimentos. Los bulbos asados son dulces y suaves. El alioli se hace con ajo (de 6 a 12 dientes), aceite y algo de sal.

Advertencia: Al aplicar pasta de ajo de manera tópica, no hay que cubrir la zona ya que los aceites pueden provocar quemaduras si se mantienen aplicados mucho tiempo. Ingerir más de 5 dientes puede causar trastornos gástricos.

Guía de hierbas

CEBOLLINO
Allium schoenoprasum

MIEMBRO DE la familia de las liliáceas y descubierta en China hace más de 5.000 años, esta hierba tan común puede hallarse hoy en día en cualquier tienda de comestibles.

El cebollino es rico en vitamina C y hierro. Por este motivo se considera un alimento muy nutritivo, excelente para la regeneración de la sangre. Por otra parte, el cebollino estimula el apetito y facilita la digestión.

PARTES UTILIZADAS
❧ *Hojas.*

USOS MEDICINALES
❧ *Ingiera un gran ramito de esta hierba diariamente.*

PROPIEDADES
❧ *Restituye el nivel de hierro en sangre y combate la anemia.*
❧ *Estimula el apetito y facilita la digestión.*

USOS CULINARIOS
❧ *Se utiliza en ensaladas, sopas y tortillas, así como en guarniciones y aliños. Para preparar una vinagreta de cebollino y limón, triture un diente de ajo junto con una pizca de sal en un cuenco. Añada la ralladura fina de un limón, 4 cucharadas (60ml) de zumo de limón y 1½ cucharaditas (7,5ml) de mostaza. Remueva hasta obtener una mezcla homogénea.*

Añada 4 cucharadas (60ml) de aceite de oliva y 2 cucharaditas (10ml) de cebollino, y condimente con pimienta. Las patatas quedan deliciosas con esta vinagreta.

ÁLOE

Aloe barbadensis

EL ÁLOE es un remedio ancestral que, junto con la mirra, impregnaba la sábana en que fue envuelto el cuerpo de Jesucristo.

Sus hojas contienen un gel especial que se utiliza en cosmética como hidratante natural de la piel. Una aplicación tópica de este jugo puede curar quemaduras cutáneas leves, quemaduras solares, picaduras de insectos y, en ocasiones, eccemas.

El jugo —ya sea un preparado comercial o un extracto de las hojas conseguido raspándolas con la parte desafilada de un cuchillo— se debe tomar en caso de trastornos digestivos y gastritis. Al áloe se le atribuyen otros beneficios, tales como su capacidad laxante natural y estimulante del apetito.

PARTES UTILIZADAS
☙ *Hojas que contienen la savia.*

USOS MEDICINALES
☙ *Tome 1 cucharada (15ml) de jugo dos veces al día.*
☙ *Para su aplicación externa, úselo como crema o loción cutánea.*

PROPIEDADES
☙ *Mantiene la elasticidad cutánea.*
☙ *Acelera la cicatrización.*
☙ *Reduce la gastritis.*
☙ *Actúa como laxante.*
☙ *Cura las quemaduras solares.*

USOS COSMÉTICOS
☙ *Se usa en lociones y cremas para suavizar las pieles irritadas e inflamadas.*

ADVERTENCIA: Se desaconseja su uso interno durante el embarazo. En caso de quemaduras graves, acuda al médico.

Guía de hierbas

MALVAVISCO
Althaea officinalis

Utilizado ya por los antiguos griegos en el siglo IX a.C., el malvavisco ha sido la hierba favorita en el tratamiento de resfriados e infecciones de pecho, incluyendo dolores de garganta y tos. Su acción calmante mitiga afecciones como la gastritis y la enteritis, y en particular la colitis. El uso de malvavisco palía las úlceras de estómago y, combinado con regaliz, se convierte en un eficaz remedio contra ellas. Se ha comprobado que las enfermedades de las vías respiratorias, como el asma y la bronquitis, responden bien a esta hierba. Mascar la raíz pelada y lavada puede ayudar a los niños durante el proceso de dentición y usado externamente, el malvavisco ayuda a curar los furúnculos y abscesos.

PARTES UTILIZADAS
* *Hojas y raíces.*

USOS MEDICINALES
* *Tome 2 ó 3 comprimidos (100mg) de extracto seco después de las comidas.*
* *Como aplicación externa, úselo en cataplasmas para abscesos y furúnculos.*

PROPIEDADES
* *Reduce la gastritis.*
* *Ayuda a curar las úlceras de estómago y de piel.*
* *Atenúa la colitis.*
* *Acelera la recuperación de las infecciones de pecho.*
* *Mitiga los síntomas del asma y la bronquitis.*
* *Facilita el proceso de dentición de los niños.*

Guía de hierbas

ENELDO
Anethum graveolens

EL ENELDO ES UNA hierba culinaria muy popular, cuyas propiedades medicinales han sido utilizadas por los médicos desde las épocas egipcia y romana. El nombre en inglés, *dill,* proviene del término sajón *dilla,* que significa "calmar o tranquilizar".

Por vía interna, esta hierba alivia trastornos gástricos y náuseas. Su acción antiespasmódica reduce la flatulencia, estimula el apetito y facilita la digestión. En bebés, el eneldo puede administrarse para reducir los cólicos. Las semillas producen un efecto sedante y mascarlas endulza el aliento. El eneldo también estimula el flujo de leche en madres lactantes. En cuanto a su uso externo, el eneldo sirve para relajar tensiones musculares. Úselo también para fortalecer sus uñas.

PARTES UTILIZADAS
- *Hojas y semillas.*

USOS MEDICINALES
- *Para hacer agua de eneldo, añada 2 puñaditos de semillas a 1 taza (250ml) de agua y póngala a hervir. Cuando el agua cambie de color, deje hervir durante 1 minuto más. Cuele el agua y déjela enfriar antes de beberla. Guárdela en el frigorífico.*
- *Para hacer una infusión, añada 2 cucharaditas (10ml) de semillas trituradas a 1 taza (250ml) de agua hirviendo y deje reposar durante 5 minutos. Beba 1 taza antes de las comidas para reducir la flatulencia.*
- *Aplique una compresa para reducir la tensión muscular.*
- *Utilice una infusión de semillas de eneldo externamente para fortalecer las uñas.*

PROPIEDADES
- *Mitiga las náuseas.*
- *Facilita la digestión.*
- *Reduce los cólicos.*
- *Estimula el flujo de leche.*
- *Relaja la tensión muscular.*
- *Fortalece las uñas.*

USOS CULINARIOS
- *Es común en muchos platos. Utilice las hojas frescas en ensaladas y platos de ave y pescado. Las conservas con eneldo también son populares.*

Guía de hierbas

ANGÉLICA
Angelica archangelica

Cuenta la leyenda que la angélica servía de remedio contra la peste, lo que le valió un puesto en la medicina herbaria tradicional como hierba protectora contra el mal.

La angélica ejerce un efecto beneficioso en la circulación sanguínea y en los fluidos corporales, y no existe mejor hierba para aliviar los dolores menstruales y la retención de líquidos. Quienes padecen reumatismo y artritis encuentran en esta planta un considerable alivio dado el efecto medicinal que ejerce en el organismo, efecto que podría ser fruto de la eliminación de las substancias químicas inflamatorias que se acumulan en los tejidos. Esta hierba sirve también para mitigar los síntomas de la cistitis.

La angélica puede combinarse con manzanilla (*Anthemis nobilis*) como remedio contra los trastornos gástricos, las úlceras gástricas y las migrañas. Combinada con milenrama (*Achillea millefolium*), se convierte en un remedio eficaz contra la bronquitis y la congestión pulmonar. En casos de catarros y gripes, una infusión puede actuar como expectorante.

Guía de hierbas

Angélica escarchada

Partes utilizadas
- Hojas, semillas, tallos y raíces.

Usos medicinales
- Tome 20 gotas de tintura líquida dos o tres veces al día o 200mg de hierba seca diarios.
- Para preparar una infusión, añada 1 cucharada (15ml) de hierba seca a 2¼ tazas de agua hirviendo (500ml).

Propiedades
- Mitiga los síntomas del reumatismo y la artritis.
- Atenúa los trastornos gástricos.
- Actúa como antiespasmódico para paliar los dolores menstruales.
- Alivia los síntomas de la cistitis.
- Actúa como expectorante para infecciones pectorales.

Usos culinarios
- Las hojas de angélica darán a sus ensaladas un olor intenso y aromático. El uso más conocido de la angélica es en forma escarchada para decorar pasteles. Su preparación doméstica no es muy complicada. Ponga a hervir los tallos de angélica hasta que pueda quitar las pieles exteriores. Hierva de nuevo los tallos pelados. Déjelos enfriar y añada igual cantidad de azúcar; después cúbralos y déjelos dos días reposando. A continuación, cueza de nuevo los tallos y el almíbar. Precaliente el horno a 100°C e introduzca los tallos, después de haberlos espolvoreado con azúcar glas, hasta que se sequen por completo. Guárdelos en un tarro hermético.

ADVERTENCIA: No es aconsejable durante el embarazo ya que puede alterar la presión sanguínea. Esta hierba tampoco es apropiada para quienes tengan la presión sanguínea alta. Las personas sensibles al sol debido a la substancia llamada furocumarina pueden sufrir irritaciones cutáneas.

MANZANILLA ROMANA
Anthemis nobilis

Los antiguos egipcios hacían referencia a la manzanilla en sus escritos, convirtiéndola en otra de las hierbas con una larga historia.

Durante siglos, la manzanilla se ha tomado para calmar los nervios y favorecer el descanso. Si se ingiere, esta hierba ayuda a paliar los trastornos gástricos y los dolores menstruales, a aliviar las molestias musculares y los mareos, dada su excelente acción antiespasmódica.

La infusión de manzanilla ayuda a combatir la congestión nasal y baja la fiebre provocada por la gripe y el catarro. La tintura es particularmente útil para los problemas de dentición infantiles, gracias a sus propiedades analgésicas naturales. Además, su uso es muy seguro para los niños. Esta planta es un excelente antiséptico que ayuda a paliar infecciones urinarias, como la cistitis. El mejor método es beber grandes cantidades de infusión, tomar baños de esta hierba y colocarse compresas calientes en la parte inferior del abdomen. La manzanilla es también un diurético suave que reduce la retención de líquidos, lo cual es beneficioso para el síndrome premenstrual ya que reduce la hinchazón. Esta hierba es un antidepresivo eficaz y puede mitigar la ansiedad y la tensión. Su aplicación aromaterapéutica ayuda a combatir la depresión.

Aplicada por vía externa, la manzanilla proporciona un rápido alivio a las quemaduras solares, las hemorroides, las heridas y úlceras cutáneas, y la mastitis. Estimula asimismo el sistema inmunitario.

Guía de hierbas

*Manzanilla (*Anthemis nobilis*).*

Partes utilizadas
🌿 *Flores y aceite esencial.*

Usos medicinales
🌿 *Tome de 15 a 20 gotas de tintura dos veces al día.*
🌿 *Para preparar una infusión, siga las indicaciones.*
🌿 *Para una aplicación aromaterapéutica, mezcle 6 gotas de aceite esencial con 2 cucharaditas (10ml) de aceite de almendra y dé un masaje.*
🌿 *Para su aplicación externa, úsela como crema o compresa.*

Propiedades
🌿 *Calma los nervios.*
🌿 *Reduce las inflamaciones internas (sobre todo las gástricas) y la flatulencia.*
🌿 *Palía los dolores de la dentición.*
🌿 *Favorece la descongestión nasal.*
🌿 *Calma la piel irritada.*
🌿 *Mitiga los dolores menstruales.*

Usos cosméticos
🌿 *Las leches limpiadoras de manzanilla son apropiadas para pieles resecas y el champú, para cabellos rubios. También es adecuada como crema de manos. Para relajarse, añada unas gotas de aceite de manzanilla a su baño.*

Advertencia: No utilizar aceite esencial durante las primeras semanas de embarazo ya que estimula la menstruación.

Guía de hierbas

APIO

Apium graveolens

EL APIO YA SE ENCONTRÓ en la tumba de Tutankamón (~1370–1352 a.C.) y desde tiempos muy remotos se ha utilizado como alimento y como especia.

Esta planta reduce la presión sanguínea, debido probablemente a la acción diurética que posee. La inflamación de la vejiga, la gota y la artritis muestran una clara mejoría cuando se tratan con extractos de apio. Su aplicación externa cura las infecciones de hongos y se ha comprobado que beber zumo de apio estimula la menstruación. Por este motivo, se desaconseja su uso durante el embarazo.

PARTES UTILIZADAS
- Toda la planta.

USOS MEDICINALES
- Beba un pequeño vaso o ⅔ de taza (150ml) de zumo fresco al día (diluido en agua en una proporción de 50:50).
- Añada 5 gotas de aceite a un vaso o ⅔ de taza (150ml) de agua al día.
- Para su uso externo, añada 6 gotas de aceite esencial a 2 cucharaditas (10ml) de aceite de almendra y aplíquelo dos veces al día sobre la zona infectada por hongos.

PROPIEDADES
- Actúa como diurético.
- Posee propiedades antiinflamatorias.
- Estimula la menstruación.
- Reduce la artritis.

USOS CULINARIOS
- El apio puede lavarse y comerse crudo.

ADVERTENCIA: No utilizar tinturas o extractos concentrados durante el embarazo.

BARDANA

Arctium lappa

La bardana es una hierba de hojas amargas y raíces dulces que contienen una substancia mucilaginosa de acción calmante y antiinflamatoria para el estómago.

En fitoterapia, la bardana se ha utilizado siempre internamente para tratar la psoriasis, el eccema, el reumatismo y la gota, mientras que en medicina china, esta hierba se emplea para el tratamiento de la neumonía y las infecciones de garganta. Esta planta también actúa como agente destoxificante y diurético suave en enfermedades crónicas como la artritis.

Aplicada externamente, la bardana ayuda a calmar el eccema u otras inflamaciones cutáneas.

Partes utilizadas
- *Raíces, tallos y semillas.*

Usos medicinales
- *Tome 15 gotas de tintura líquida dos veces al día.*
- *Para su uso externo, aplíquela en forma de crema, compresa o cataplasma.*

Propiedades
- *Actúa como diurético suave.*
- *Posee acción destoxificante.*
- *Calma las irritaciones cutáneas.*
- *Reduce el agarrotamiento muscular asociado al reumatismo.*
- *Regula el azúcar sanguíneo.*
- *Estimula el sistema inmunitario.*

Usos culinarios
- *La raíz se puede cocinar y los tallos de las hojas tiernas se pueden pelar y comer crudos.*

Guía de hierbas

GAYUBA (AGUAVILLA O UVADUZ)

Arctostaphylos uva-ursi

La bacteria *E. coli* es muy susceptible a las substancias químicas que se encuentran en la gayuba. Esta hierba ocupa un lugar destacado en el tratamiento de las infecciones urinarias, sobre todo la cistitis, gracias a la arbutina (un agente antibacteriano). Además de su actividad antibiótica, esta planta ejerce una acción diurética beneficiosa capaz de eliminar los agentes infecciosos. La gayuba posee también un gran poder astringente que contribuye a aliviar las infecciones vaginales leves.

Partes utilizadas
🌿 Hojas.

Usos medicinales
🌿 Tome 2 comprimidos de hierba seca (100mg) a diario hasta paliar los síntomas.
🌿 Prepare una infusión con 1 cucharada (15ml) de hierba seca, cuélela y aplíquela.

Propiedades
🌿 Atenúa los síntomas de las infecciones vesiculares y renales leves.
🌿 Actúa como diurético.
🌿 Mitiga las infecciones vaginales leves.
🌿 Reduce los síntomas de la cistitis.

RÁBANO RUSTICANO

Armoracia rusticana

Esta aromática hierba contiene aceites capaces de controlar las infecciones microbianas e incluso de bajar la fiebre aumentando la transpiración al eliminarse los aceites volátiles.

Se trata de un remedio excelente para las infecciones pulmonares ya que durante la eliminación de los aceites del pulmón, la actividad antibacteriana penetra a través de éste, limpiándolo. Como diurético, el rábano rusticano es bastante eficaz pero aún lo es más como estimulante digestivo. Se suelen aplicar cataplasmas sobre las zonas infectadas, sobre todo en el pecho para el tratamiento de la pleuresía, y se dice que sus propiedades limpiadoras eliminan las infecciones.

Partes utilizadas
- Hojas y raíces.

Usos medicinales
- Para preparar una cataplasma, añada la hierba cortada en trocitos a una mezcla de harina y agua, y aplíquela sobre la zona. Cúbrala.
- Tome 20 gotas de tintura líquida dos veces al día.
- Mezcle las hierbas cortadas con miel y agua caliente como remedio contra el resfriado.

Propiedades
- Actúa como diurético suave.
- Limpia los pulmones.
- Actúa como agente antimicrobiano.
- Cura las infecciones.
- Estimula la digestión.

Usos culinarios
- Pruebe la hierba fresca en ensaladas o con pescado ahumado. El rosbif no sería lo mismo sin una salsa de rábano rusticano.

ÁRNICA
Arnica montana

Durante el siglo XVIII, el árnica se ganó la fama de panacea de todos los males. Pese a que algunas afirmaciones eran exageradas, el árnica ocupa aún hoy un lugar especial en la medicina herbaria. La planta produce una única flor, grande y de color amarillo, que dura todo el verano, y sus hojas se recolectan durante la temporada de crecimiento.

Estudios recientes sobre el árnica desaconsejan su uso interno aunque, bajo supervisión médica, puede ayudar a controlar algunas dolencias cardiacas. Su aplicación externa, sin embargo, es muy habitual.

Aplicada sobre la piel, el árnica posee notables propiedades que pueden favorecer el proceso curativo. Contusiones, torceduras y magulladuras responden bien a la crema de árnica y las lesiones deportivas, tratadas a tiempo con estos preparados, mejoran rápidamente. Los linimentos de árnica se usan para tratar el reumatismo muscular y la artritis.

PARTES UTILIZADAS
❦ *Hojas.*

USOS MEDICINALES
❦ *Su uso interno sólo es aconsejable bajo supervisión médica, pero los preparados homeopáticos que contienen árnica se consideran inocuos. Pruebe con una dosis de 5 a 10 gotas de un remedio de tintura de intensidad 4x o 6x, tres veces al día una media hora antes de las comidas. Tome este remedio sólo con agua.*

❦ *Para su aplicación externa, siga las indicaciones del fabricante.*

PROPIEDADES
❦ *Reduce la inflamación de los tejidos.*
❦ *Estimula el proceso curativo.*
❦ *Reduce los espasmos musculares y la inflamación articular.*
❦ *Calma la irritación cutánea.*

USOS COSMÉTICOS
❦ *La crema de árnica estimula la circulación cutánea.*

ADVERTENCIA: No usar en caso de embarazo. No utilizar internamente salvo por prescripción médica, pues una sobredosis puede causar la muerte. Su uso externo puede provocar irritación cutánea. No aplicar nunca sobre heridas abiertas.

ABRÓTANO

Artemisia abrotanum

El uso de esta planta data de la antigua China, donde era utilizado externamente para tratar inflamaciones y quemaduras cutáneas. La eficacia de esta amarga hierba se atribuye a la elevada concentración de astringentes presentes en sus extractos. Sobre el sistema digestivo produce un efecto tónico y se ha observado que su uso favorece la secreción de bilis y de jugo digestivo. Los músculos uterinos pueden reaccionar de manera violenta ante esta substancia vegetal y la ingestión del extracto puede provocar la menstruación. Por esta razón, nunca debe tomarse durante el embarazo. Se ha comprobado que también ayuda a expulsar las lombrices en los niños.

Partes utilizadas
- Hojas.

Usos medicinales
- Tome 20 gotas de tintura líquida diarias.
- Para su uso externo, utilice compresas de abrótano para calmar la piel irritada.

Propiedades
- Estimula la digestión.
- Facilita la secreción de bilis y la digestión de las grasas.
- Calma los dolores menstruales.
- Suaviza las pieles irritadas.
- En los niños, ayuda a expulsar las lombrices.

Advertencia: No utilizar en caso de embarazo.

Guía de hierbas

ASTRÁGALO

Astragalus membranaceus

EL ASTRÁGALO era muy apreciado por los chinos, quienes lo incorporaban a muchas de sus fórmulas medicinales. Esta hierba de sabor dulce se ha usado en medicina tradicional como estimulante del bazo, el hígado, el pulmón y el sistema inmunitario. También estimula el sistema circulatorio y actúa como tónico cardiaco. Por otra parte, se le atribuyen los efectos beneficiosos de reducir la presión sanguínea alta y el nivel de glucosa en sangre.

Los herbolarios sugieren utilizarlo durante los tratamientos con quimioterapia ya que estimula el sistema inmunitario, pero esta posibilidad requiere la cooperación entre herbolario y médico, y no debe llevarse a la práctica sin supervisión.

PARTES UTILIZADAS
🌿 *Raíz.*

USOS MEDICINALES
🌿 *Tome de 15 a 20 gotas de tintura líquida diarias.*

PROPIEDADES
🌿 *Produce un efecto tónico.*
🌿 *Reduce el nivel de glucosa en sangre.*
🌿 *Estimula el sistema inmunitario.*
🌿 *Favorece el flujo biliar y las funciones hepáticas.*
🌿 *Reduce la presión sanguínea.*

AVENA
Avena sativa

La avena puede considerarse un alimento además de una hierba, ya que es rica en vitaminas (sobre todo en vitamina E), hidratos de carbono y proteínas.

Una dosis de avena es beneficiosa para el corazón, los nervios y el timo. Su alto contenido en sílice la convierte en un buen alimento si su colesterol es elevado.

Como remedio contra la fatiga, la avena actúa como nervino nutritivo o tónico nervioso y puede ser de ayuda en casos de depresión. Las cataplasmas de avena reducen la inflamación y la irritación del eccema.

Partes utilizadas
🌿 Semillas.

Usos medicinales
🌿 Tome 25 gotas de tintura líquida dos veces al día.
🌿 Para su aplicación externa, use una cataplasma. Prepare una masa gruesa y adherente con agua caliente y aplíquela.

Propiedades
🌿 Actúa como tónico cardiaco y nervioso.
🌿 Reduce el colesterol.
🌿 Combate la depresión.
🌿 Palía los síntomas del eccema.

Usos cosméticos
🌿 Use harina de avena en exfoliantes faciales para limpiar el cutis.

Usos culinarios
🌿 La avena puede constituir la base de las tortitas.

Guía de hierbas

BORRAJA
Borago officinalis

A ESTA HIERBA tan familiar para los cocineros se le atribuyen efectos sobre el estado anímico. Los componentes exactos de la borraja no han sido identificados pero su reputación de planta para "levantar el ánimo" data del 1597, año en que John Gerard la incluyó en su libro *The Herball, or Generall Historie of Plantes*. En este libro, se decía que la borraja "alejaba la tristeza y aportaba felicidad". Durante esa época, de las hojas y las flores a menudo se elaboraban vinos que hombres y mujeres bebían para sentirse "felices y dichosos". Esta planta presenta un alto contenido de GLA (ácido gammalinoleico) —mayor que el aceite de la hierba del asno (*Oenothera biennis*)— que atenúa los dolores menstruales. La infusión de borraja reduce la fiebre dada su excelente acción diaforética, lo que la convierte en el remedio ideal para aliviar los síntomas del resfriado y la gripe.

PARTES UTILIZADAS
❦ *Hojas, flores, aceite y semillas.*

USOS MEDICINALES
❦ *Tome de 15 a 20 gotas de tintura dos veces al día.*
❦ *Puede tomar una dosis diaria de aceite de borraja de 500mg.*
❦ *Para preparar una infusión, añada 2 cucharaditas (10ml) de hierbas a 2½ tazas (600ml) de agua hirviendo y deje reposar durante 5 minutos.*

PROPIEDADES
❦ *Mejora el estado anímico.*
❦ *Calma la tensión premenstrual.*
❦ *Cura la dermatitis y otras irritaciones cutáneas como el eczema.*
❦ *Tiene acción febrífuga.*

USOS CULINARIOS
❦ *Añada borraja troceada a sus platos de pasta y verduras, o esparza las flores en las ensaladas como guarnición.*

Guía de hierbas

CALÉNDULA

Calendula officinalis

Conocida también como maravilla, la caléndula tiene una larga historia en fitoterapia. Utilizada inicialmente como tinte para tejidos, alimento y cosmético, la caléndula contiene muchos aceites cuyas propiedades mejoran la salud. Su uso externo reduce la inflamación cutánea, sana las quemaduras solares, cicatriza las heridas y alivia los pezones agrietados de las madres lactantes. El aceite ayuda a paliar el dolor de oído.

Su uso interno calma la gastritis y las úlceras de estómago. Por otra parte, existen estudios que demuestran la eficacia de la caléndula para mitigar los dolores menstruales.

Partes utilizadas
- *Pétalos florales.*

Usos medicinales
- *Para preparar una infusión, siga las indicaciones del fabricante.*
- *Tome 15 gotas de tintura líquida dos veces al día.*
- *Para su aplicación externa, úsela en forma de crema, compresa o cataplasma para curar heridas o calmar inflamaciones cutáneas.*

Propiedades
- *Reduce la inflamación.*
- *Palía los dolores menstruales.*
- *Suaviza la piel castigada e irritada, como las quemaduras leves.*
- *Mitiga el dolor de oído.*

Usos cosméticos
- *Se usa en cremas para pieles secas e irritadas y para tratar pezones doloridos o agrietados.*
- *Los baños con pétalos limpian y tonifican la piel.*

Guía de hierbas

CAYENA

Capsicum frutescens

La CAYENA ha suscitado mucho interés desde que se demostró que reduce la sensibilidad al dolor, gracias a su capacidad de sobreestimular los nervios y agotar sus reservas de substancias químicas que transmiten información al cerebro. De ese modo, los nervios no pueden enviar mensajes de dolor.

En medicina, la cayena se utiliza como crema externa para tratar síndromes de dolor crónicos, tales como la neuralgia provocada por los herpes zoster y la osteoartritis. Contiene grandes cantidades de vitaminas, sobre todo del complejo B, y su contenido en vitamina C es mayor que el de una naranja. Esta hierba ejerce un efecto beneficioso al reducir los niveles de LDL (colesterol nocivo) y de triglicéridos en sangre.

La cayena estimula el sistema circulatorio y puede emplearse para tratar las varices. Esta hierba también se utiliza como tratamiento para el asma y la pleuresía ya que estimula la liberación de adrenalina que dilata las vías respiratorias. Utilícela siempre con precaución y bajo supervisión médica.

Partes utilizadas
🌿 Frutos.

Usos medicinales
🌿 Tome 1 ó 2 comprimidos (100mg) de hierba seca con las comidas.
🌿 Para su uso externo, aplique crema diariamente, nunca durante más de un mes.

Propiedades
🌿 Palía el dolor en casos de neuralgia crónica (uso externo).
🌿 Reduce el dolor de la osteoartritis.
🌿 Favorece la digestión.
🌿 Estimula la circulación.
🌿 Protege al corazón de la hipercolesterolemia.
🌿 Mitiga la pleuresía.
🌿 Alivia las varices.

Advertencia: No aplicar crema sobre heridas abiertas.

PAPAYO

Carica papaya

EL PAPAYO ES el mejor digestivo natural que existe puesto que contiene enzimas que degradan las proteínas de manera eficaz. Si se siente hinchado después de comer, pruebe a tomar un poco de papayo.

Como remedio contra las lombrices intestinales, funciona en casi todos los casos.

El contenido en papaína de este árbol ayuda a acelerar la curación de heridas y suaviza el tejido cicatrizado.

PARTES UTILIZADAS
Hojas, frutos, semillas y savia.

USOS MEDICINALES
Como remedio para las lombrices, tome 2 comprimidos de extracto seco (50mg) diarios.
Como digestivo, tome los comprimidos durante las comidas o beba zumo fresco después de cada comida.

PROPIEDADES
Facilita la digestión.
Mitiga la hinchazón abdominal tras las comidas.
Elimina las lombrices.

ALCARAVEA
Carum carvi

EL INCONFUNDIBLE AROMA de la alcaravea proviene de la elevada concentración de un aceite volátil, conocido como carvona, que constituye entre el 40 y el 60% de los aceites que contienen las semillas. Esta hierba reduce los cólicos en los bebés y la flatulencia en los adultos. Su actividad antiespasmódica en la pared muscular del intestino produce un efecto calmante y se emplea también para estimular el flujo de leche en las madres lactantes. Añada algunas semillas de alcaravea a una infusión de hierbas para combatir el resfriado o la gripe.

PARTES UTILIZADAS
🌿 *Semillas, hojas, raíces y aceite.*

USOS MEDICINALES
🌿 *Añada un puñadito de semillas a una infusión de hierbas.*
🌿 *Agregue 2 ó 3 gotas de la fórmula para cólicos infantiles a cada comida para combatir los cólicos.*

PROPIEDADES
🌿 *Alivia los cólicos de los bebés.*
🌿 *Reduce la flatulencia y facilita la digestión de los adultos.*
🌿 *Ayuda a combatir el resfriado, la gripe y la bronquitis.*
🌿 *Estimula el flujo de la leche.*

USOS CULINARIOS
🌿 *Añada semillas en el agua de hervir verduras. Agréguelas también a fondues de queso, pan, gulash y lentejas.*

CENTAURA

Centaurium erythraea

F́ÁCILMENTE IDENTIFICABLE por su característico aspecto puntiagudo, la centaura crece en abundancia en lugares muy secos y herbosos.

La fitoterapia aprovecha todas las partes de esta planta de sabor amargo, sobre todo los tallos. ¡Un extracto líquido de centaura continúa siendo amargo aun después de ser diluido 3.500 veces!

Esta hierba presenta propiedades tónicas generales pero su función más importante es la de estimular la actividad del estómago y la secreción de jugos gástricos. También se usa para paliar la dispepsia, estimular el apetito y favorecer la digestión. En grandes dosis, puede producir un efecto laxante.

PARTES UTILIZADAS
❧ *Toda la planta.*

USOS MEDICINALES
❧ *Tome 25 gotas de tintura líquida antes de las comidas.*

PROPIEDADES
❧ *Estimula el apetito.*
❧ *Favorece la digestión.*
❧ *Reduce la formación de gases en el estómago.*
❧ *Mitiga la dispepsia.*
❧ *En grandes dosis, tiene efecto laxante.*

Guía de hierbas

GOTU KOLA
Centella asiatica

Utilizada por primera vez por los curanderos indios seguidores del Ayurveda, esta hierba ha jugado un importante papel en el control del estrés, al actuar sobre el sistema nervioso provocando la relajación y actuando como tónico nervioso.

Similar al ginkgo (*Ginkgo biloba*), el gotu kola estimula el sistema circulatorio, llevando la sangre a todo el organismo y estabilizando las células que forman las paredes de los vasos sanguíneos. Se ha demostrado que esta hierba mejora la función inmunitaria y fomenta la resistencia a las infecciones.

PARTES UTILIZADAS
- *Toda la planta.*

USOS MEDICINALES
- *Tome 2 comprimidos de extracto seco (100mg) diarios.*

PROPIEDADES
- *Incrementa la resistencia a las enfermedades.*
- *Produce un estado de relajación.*
- *Calma el sistema nervioso.*
- *Estimula la circulación.*

ADVERTENCIA: No utilizar durante el embarazo. No usar en casos de glándulas tiroides hiperactivas.

Guía de hierbas

CIMICÍFUGA

Cimicifuga racemosa

Utilizada por los nativos americanos para curar las mordeduras de serpiente y tratar problemas femeninos, la cimicífuga aparece ya en el *sheng ma*, un texto médico chino (~25–200 d.C.). Puede emplearse para problemas digestivos y para paliar dolores artríticos. Se ha observado que produce un efecto estimulante en el útero, por lo cual no debe usarse durante el embarazo. Otros usos comprenden el tratamiento de la bronquitis y las náuseas asociadas a los dolores de cabeza.

Partes utilizadas
- *Rizomas, para preparados medicinales.*

Usos medicinales
- *Tome 1 ó 2 comprimidos (50mg) de hierba seca diarios.*
- *Tome 20 gotas de tintura líquida dos veces al día.*

Propiedades
- *Reduce las molestias musculares asociadas a la artritis.*
- *Calma los dolores menstruales.*
- *Atenúa la bronquitis crónica.*
- *Reduce las náuseas asociadas a los dolores de cabeza.*

Advertencia: Dado su efecto estimulante de los músculos uterinos, es desaconsejable durante el embarazo.

MIRRA

Commiphora molmol

DESDE TIEMPOS BÍBLICOS, la mirra ha sido una medicina esencial, muy común en el Oriente Medio para el tratamiento de heridas, infecciones y problemas digestivos. Se asocia en particular a la salud de la mujer y a la purificación.

La mirra posee la facultad de estimular la cicatrización y reducir la inflamación. Sus propiedades antisépticas la convierten en un eficaz limpiador de heridas.

Si se toma internamente con equinacia (*Echinacea purpura*), puede acelerar la recuperación de infecciones, en especial las de pecho, gracias a sus propiedades expectorantes y descongestionantes. También se acostumbra a tomar mirra para aliviar resfriados y bronquitis. Si se utiliza para realizar enjuagues bucales, esta hierba fortalece las encías y evita que se infecten o se inflamen.

PARTES UTILIZADAS
- *Resina.*

USOS MEDICINALES
- *Para enjuagues, añada 5 gotas a un poco de agua.*
- *Como tintura líquida, tome 10 gotas diarias.*

PROPIEDADES
- *Sana las infecciones de encías.*
- *Actúa como agente limpiador de heridas.*
- *Combate las infecciones pectorales.*
- *Cura las magulladuras.*

ADVERTENCIA: No tomar grandes dosis de mirra durante el embarazo.

CILANTRO

Coriandrum sativum

El CILANTRO se ha utilizado como hierba medicinal y culinaria durante siglos. Su uso interno facilita la digestión, estimula el apetito, reduce la flatulencia y alivia los cólicos. Esta planta también puede ser de gran ayuda para combatir la diarrea en los niños.

Para su aplicación externa, utilice cataplasmas de semillas de cilantro ligeramente machacadas para aliviar el dolor de las articulaciones y los síntomas reumáticos.

Partes utilizadas
* Hojas y semillas.

Usos medicinales
* *Para preparar una infusión, añada 1 cucharadita (5ml) de semillas machacadas a 1 taza (250ml) de agua hirviendo y deje reposar 5 minutos.*
* *Para mitigar la flatulencia, beba infusiones antes de comer.*
* *Use las semillas en cataplasmas para la artritis.*

Propiedades
* *Facilita la digestión.*
* *Estimula el apetito.*
* *Mitiga la flatulencia.*
* *Reduce la diarrea.*
* *Alivia la artritis.*

Usos culinarios
* *Use hojas frescas en platos de ave y en ensaladas verdes. Otra alternativa es emplearlo como ingrediente en aliños de ensaladas. Para hacer una vinagreta de guindilla y cilantro, mezcle 3 guindillas verdes troceadas y sin semillas, ½ cucharadita (2,5ml) de comino molido, 3 cucharadas (40ml) de vinagre de sidra y sal. Vierta ½ taza (125ml) de aceite de cacahuete y bata bien. Añada hojas de cilantro troceadas antes de servir.*

ESPINO

Crataegus oxyacantha

L os HERBOLARIOS han utilizado las bayas de esta planta para tratar problemas digestivos durante muchos años. Su acción ha sido comparada a la de un tónico cardiaco, ya que es muy beneficiosa para el corazón; en primer lugar, aumenta su fuerza de contracción, lo cual favorece los corazones débiles. Por otra parte, dilata los vasos sanguíneos, lo que reduce la presión sanguínea y la consecuente presión cardiaca. El espino ejerce una acción diurética en el organismo, eliminando el exceso de fluido que suelen retener quienes padecen del corazón.
Las bayas de espino son ricas en vitamina C y bioflavonoides, factores esenciales en la resistencia de los vasos sanguíneos.

PARTES UTILIZADAS
❦ *Frutos.*

USOS MEDICINALES
❦ *Tome 20 gotas de tintura líquida dos veces al día.*

PROPIEDADES
❦ *Puede usarse como tónico cardiaco.*
❦ *Favorece el ritmo cardiaco.*
❦ *Reduce la presión sanguínea.*
❦ *Actúa como diurético.*

Guía de hierbas

CÚRCUMA
Curcuma longa

Esta clásica hierba de aroma intenso sirve de base a la mayoría de curries en polvo. Su capacidad para tratar problemas gástricos de manera eficaz es conocida en Asia desde hace siglos pero a Estados Unidos y Europa ha llegado recientemente. La cúrcuma estimula el flujo de bilis y, por consiguiente, ayuda a digerir las grasas.

Se trata de una planta de efectos beneficiosos para la circulación, ya que aumenta la distribución periférica de la sangre y reduce la aparición de coágulos. También puede solventar problemas menstruales, en especial el síndrome premenstrual de tipo congestivo, favoreciendo el flujo sanguíneo.

Parte utilizada
- *Rizoma.*

Usos medicinales
- *Tome 2 comprimidos diarios (50mg) después de comer.*

Propiedades
- *Incrementa la circulación.*
- *Reduce coágulos sanguíneos.*
- *Solventa problemas menstruales.*
- *Estimula el flujo biliar.*
- *Ayuda a digerir las grasas.*

Usos culinarios
- *Es la base de la mayoría de curries y curry en polvo.*

ALCACHOFA

Cynara scolymus

Muy apreciada por los romanos y los griegos, la alcachofa se ha utilizado con fines medicinales durante siglos. El descubrimiento de una substancia llamada cinarina, que se encuentra en las hojas, apoya científicamente la tradición ancestral de tomar alcachofa para los problemas relacionados con la digestión. La cinarina favorece el flujo de la bilis y, por lo tanto, mejora la función hepática. Otro de sus efectos es la reducción del nivel de colesterol debido al incremento de la secreción de bilis.

Partes utilizadas
* Cabezuelas florales, hojas y raíces.

Usos medicinales
* Tome 20 gotas de tintura líquida dos veces al días.

Propiedades
* Estimula el flujo de los jugos digestivos.
* Incrementa el flujo biliar.
* Mejora la función hepática.
* Reduce el nivel de colesterol.

Usos culinarios
* Como mejor saben las alcachofas es a la vinagreta. Coloque una cabezuela de flor sin abrir en un cazo de agua hirviendo. Deje hervir unos 15 minutos a fuego lento o hasta que las hojas se desprendan fácilmente. Escurra bien las hojas, colóquelas en una bandeja pequeña y alíñelas con una vinagreta. Sírvalas inmediatamente.

EQUINACIA

Echinacea purpura

E L ASPECTO DE ERIZO que presenta el cono púrpura central de la flor de la equinacia dio nombre a esta hierba, ya que proviene de la palabra griega *echinos*, cuyo significado es "erizo". La equinacia es probablemente uno de los extractos herbarios más utilizados hoy en día. En Alemania, al extracto líquido se le denomina "gotas de la resistencia", dado su efecto estimulante del sistema inmunitario.

Esta hierba se puede emplear para curar cortes y rasguños leves, y debe recurrirse a ella como primera opción para tratar infecciones bacterianas, fúngicas o víricas.

PARTES UTILIZADAS
- Raíces y rizomas.

USOS MEDICINALES
- Para enfermedades agudas, tome 40 gotas (20 los niños) de tintura líquida cada 4 horas.
- Para prevenir resfriados, tome de 10 a 15 gotas diarias.
- Tome 1 ó 2 comprimidos (50–100mg) de extracto seco diarios.
- Para su uso externo, aplique crema en cortes y arañazos.

PROPIEDADES
- Estimula el sistema inmunitario.
- Previene el desarrollo de infecciones.
- Alivia los síntomas del resfriado y la gripe, sobre todo la congestión nasal.
- Elimina los virus.

Guía de hierbas

GINSENG (SIBERIANO)
Eleutherococcus senticosus

EL GINSENG SIBERIANO —cuyos principios activos se asemejan a los del ginseng *Panax* pero se consideran menos potentes— puede tomarse durante periodos más largos que el ginseng *Panax* y se cree que es más adecuado para combatir el estrés en el caso de que se requiera un programa de tratamiento prolongado. Asimismo puede emplearse para mejorar la resistencia física y mental. Por otra parte, hay quien afirma que reduce los niveles de colesterol y de azúcar en sangre.

PARTES UTILIZADAS
🌿 *Raíces.*

USOS MEDICINALES
🌿 *Tome 2 cucharaditas (10ml) de elixir diarias.*

PROPIEDADES
🌿 *Incrementa la resistencia al estrés.*
🌿 *Potencia la agilidad mental.*
🌿 *Puede reducir el nivel de colesterol y glucosa sanguíneos.*

ADVERTENCIA: En general, el ginseng no debe utilizarse de forma continuada durante más de un mes.

COLA DE CABALLO
Equisetum arvense

La COLA DE CABALLO contine un interesante cóctel de nutrientes y substancias fitoquímicas. Esta hierba es rica en sílice y otros minerales que facilitan la absorción del calcio de los alimentos, lo que la convierte en una planta muy beneficiosa para las uñas y el cabello, así como para los huesos y otros tejidos conectivos cuya salud depende del calcio y de otros minerales. También ayuda a reducir el nivel de colesterol.

La cola de caballo puede contribuir a regular la producción de grasa de la piel, lo que a su vez reducirá los brotes de acné y otras imperfecciones cutáneas congestivas.

PARTES UTILIZADAS
- *Tallos.*

USOS MEDICINALES
- *Tome de 15 a 20 gotas de tintura líquida dos veces al día.*

PROPIEDADES
- *Fortalece el cabello y las uñas.*
- *Promueve el correcto desarrollo de los huesos y otros tejidos.*
- *Reduce el acné en pieles grasas.*
- *Reduce el nivel de colesterol.*

AMAPOLA DE CALIFORNIA

Eschscholzia californica

La savia acuosa de esta planta posee una acción analgésica suave. Utilizada por los nativos americanos para calmar el dolor de muelas, esta hierba parece actuar sobre el sistema nervioso central y se le atribuyen efectos narcóticos. Se emplea también como sedante y puede ayudar a combatir el insomnio.

Partes utilizadas
- Toda la planta.

Usos medicinales
- Tome de 5 a 10 gotas de tintura líquida.

Propiedades
- Aplicada de manera tópica en casos de dolor de muelas, posee acción analgésica.
- Usada internamente, reduce la ansiedad y la tensión.
- Combate el insomio.

EUCALIPTO

Eucalyptus globulus

Existen más de 40 tipos de árboles de eucalipto distintos y todos ellos son ricos en los aceites volátiles responsables de su aroma.

Los usos aborígenes tradicionales del eucalipto son secretos cuidadosamente guardados, pero se sabe que se empleaba para tratar la disentería. Su extracto posee una potente acción descongestionante derivada del alto contenido en aceites aromáticos y también puede ayudar a la expectoración, puesto que actúa como estimulante respiratorio.

El eucalipto posee una acción antiséptica que ayuda a reducir los espasmos musculares y su uso externo es beneficioso para curar lesiones deportivas. Las cremas y lociones a base de eucalipto son muy adecuadas para aliviar dolores musculares.

Guía de hierbas

Partes utilizadas
🌿 Hojas y aceites esenciales.

Usos medicinales
🌿 Para inhalar vapor de eucalipto, ponga unas 4 gotas en un vaporizador e inhale unos 5 minutos.
🌿 Para su aplicación externa, utilice una crema o loción.

Propiedades
🌿 Descongestiona las vías respiratorias.
🌿 Alivia la sinusitis.
🌿 Estimula la descongestión pulmonar.
🌿 Posee acción antimicrobiana.
🌿 Puede usarse como eficaz ungüento muscular.

Usos cosméticos
🌿 Puede emplearse en lociones o tónicos cutáneos para estimular la circulación de la piel.
🌿 Añada un par de gotas de aceite esencial al baño para aliviar dolores musculares.

Advertencia: No aplicar sobre heridas abiertas. Evite una excesiva exposición a los vapores, ya que el eucalipto puede ocasionar dolor de cabeza y agravar los síntomas del asma.

EUFRASIA
Euphrasia officinalis

La teoría de Paracelso según la cual si una planta o flor se parece a alguna zona anatómica, curará las enfermedades de esa zona, convirtió a la eufrasia en la panacea de los problemas oculares, pues sus flores, veteadas de púrpura y con una mancha amarilla, se asemejan al iris humano.

Las propiedades astringentes de la eufrasia hacen de ella una hierba adecuada para el tratamiento de los ojos doloridos e inflamados (conjuntivitis), y otros problemas de irritación ocular, como el eccema que puede aparecer alrededor de los ojos, o la hipersensibilidad a la luz.

Partes utilizadas
- Toda la planta.

Usos medicinales
- Para baños oculares, utilice un preparado comercial a fin de minimizar el riesgo de infección.
- Como tintura líquida, tome 1 ó 2 gotas dos veces al día.

Propiedades
- Calma los ojos irritados y combate la conjuntivitis.
- Mejora la salud de los ojos cuando se toma internamente.

Advertencia: No tomar dosis elevadas de eufrasia durante el embarazo.

Guía de hierbas

HINOJO

Foeniculum vulgare

EL HINOJO FRESCO desprende un aroma especial debido a dos aceites (anetol y fenchona), que varían de una especie a otra.

Esta planta facilita el proceso digestivo y alivia los cólicos y el malestar abdominal. Se puede tomar en forma de infusión o como "agua de hinojo", que es muy fácil de preparar. Se cree que si se bebe durante la lactancia, ayuda a reducir los cólicos y actúa como digestivo general. Esta hierba posee una acción diurética suave que limpia el riñón y además puede favorecer el flujo de la leche en las madres lactantes.

Partes utilizadas
- Hojas, tallos, raíces y semillas.

Usos medicinales
- Tome 20 gotas de tintura líquida después de las comidas.
- Para preparar agua de hinojo, ponga 2 puñaditos de semillas de hinojo en 1 taza (250ml) de agua y póngala a hervir. Cuando el agua comience a cambiar de color, deje hervir 1 minuto más. Cuele y deje enfriar antes de beber. Guárdela en el frigorífico.
- Para preparar una infusión, añada 2 cucharaditas de semillas a 1 taza (250ml) de agua hirviendo y deje reposar durante 5 minutos.

Propiedades
- Facilita la digestión.
- Palía los dolores abdominales y los cólicos.
- Reduce la flatulencia.
- Actúa como remedio a los cólicos infantiles.
- Actúa como diurético suave y limpia los riñones.
- Favorece el flujo de la leche en las madres lactantes.

Usos cosméticos
- Las semillas se emplean en lociones para pieles grasas.

Usos culinarios
- Utilice semillas de hinojo en sus platos de pescado o para cocinar verduras. El bulbo del hinojo fresco puede cocinarse entero y comerse como verdura. Posee un delicioso sabor anisado y es un acompañamiento excelente para platos de ave y cordero.

Advertencia: No tomar durante el embarazo.

Guía de hierbas

*Hinojo (*Foeniculum vulgare*)*.

Guía de hierbas

GERANIO AMERICANO
Geranium maculatum

S E SABE QUE los nativos americanos utilizaban esta hierba —cuyos extractos muestran una elevada concentración de astringentes— como medicamento para tratar la diarrea y los problemas gástricos. Uno de los usos tradicionales de esta planta es el de controlar el exceso de flujo menstrual, mientras que su aplicación tópica es adecuada para sanar las heridas infectadas, el afta y las hemorroides.

PARTES UTILIZADAS
🌿 *Toda la planta.*

USOS MEDICINALES
🌿 *Tome de 20 a 25 gotas de tintura dos veces al día.*
🌿 *Para su aplicación externa, use una compresa para las heridas, el afta y las hemorroides.*

PROPIEDADES
🌿 *Posee acción antiséptica.*
🌿 *Reduce el flujo sanguíneo de la menstruación.*
🌿 *Calma la irritación causada por las hemorroides.*
🌿 *Frena la diarrea.*

Guía de hierbas

GINKGO

Ginkgo biloba

Los restos fósiles de ginkgo que han sido hallados revelan que este árbol ha permanecido inmutable durante millones de años y que existía ya antes de que los primeros mamíferos poblasen la Tierra.

De los extractos de las hojas se obtienen unas fascinantes substancias que ejercen un profundo y significativo efecto sobre la respuesta alérgica. Estas substancias químicas (los ginkgólidos) inhiben el factor activador de las plaquetas, un elemento clave en la respuesta alérgica. Otros compuestos químicos, los flavonoides, estimulan tanto la circulación sanguínea del cerebro como la circulación periférica.

El ginkgo se emplea en el tratamiento del asma, el zumbido de oídos, las inflamaciones alérgicas y las varices. Por otra parte, se utiliza para tratar la circulación cerebral deficiente y la enfermedad de Raynaud, una grave alteración de la circulación periférica que hace que las manos se vuelvan de color azul.

PARTES UTILIZADAS
- *Hojas y semillas.*

USOS MEDICINALES
- *Tome 20 gotas de tintura líquida dos veces al día.*

PROPIEDADES
- *Favorece la circulación sanguínea cerebral.*
- *Reduce el zumbido de oídos.*
- *Mitiga la alergia.*
- *Combate la enfermedad de Raynaud.*
- *Reduce el asma.*

REGALIZ

Glycyrrhiza glabra

EL PRINCIPAL COMPONENTE del regaliz es una substancia llamada glicirricina, que es 50 veces más dulce que el azúcar. La glicirricina reduce la inflamación y se emplea para tratar las irregularidades menstruales. Tomar regaliz 14 días antes de la menstruación suprime la liberación de progesterona y reduce la depresión, el anhelo de azúcar, la retención de agua y el dolor de pechos.

Esta planta ejerce una acción destoxificante en el hígado y puede ayudar a combatir la enfermedad de Addison, ya que la glicirricina produce un efecto similar al de la hormona suprarrenal denominada aldosterona.

A esta hierba se atribuye una acción parecida a la del estrógeno, lo que la convierte en remedio contra los síntomas menopáusicos. También sana las lesiones de la mucosa gástrica.

PARTES UTILIZADAS
🌿 Raíces.

USOS MEDICINALES
🌿 Tome 2 ó 3 comprimidos (100mg) con cada comida.

PROPIEDADES
🌿 Acelera la curación de úlceras de estómago.
🌿 Regula la menstruación.
🌿 Destoxifica el hígado.
🌿 Combate la enfermedad de Addison.
🌿 Mitiga los síntomas de la menopausia.

ADVERTENCIA: Dado el contenido en sodio del regaliz, se desaconseja durante el embarazo. No utilizar en caso de tener la presión sanguínea alta, de padecer enfermedades renales, o en caso de tomar digoxina para el corazón.

Guía de hierbas

LÚPULO
Humulus lupulus

EL LÚPULO ES UNO de los tranquilizantes naturales más eficaces. Esta hierba ejerce un efecto calmante en todo el organismo, reduciendo la tensión nerviosa, la irritabilidad y el insomnio.

Para el tratamiento del síndrome del intestino irritable y el nerviosismo estomacal, el lúpulo puede ser un remedio muy adecuado. Mezcle partes iguales de valeriana (*Valeriana officinalis*) y lúpulo, y tome la mezcla media hora antes de acostarse.

Los eccemas y las úlceras cutáneas pueden tratarse con cataplasmas de esta planta.

PARTES UTILIZADAS
🌱 *Hojas y brotes.*

USOS MEDICINALES
🌱 *Tome 2 comprimidos (50mg) diarios para calmar los intestinos irritables.*
🌱 *Como sedante, pruebe la mezcla descrita anteriormente antes de acostarse.*
🌱 *Para su aplicación externa, en casos de eccema y úlceras cutáneas, utilice cataplasmas.*

PROPIEDADES
🌱 *Actúa como sedante y proporciona un sueño apacible.*
🌱 *Calma el nerviosismo estomacal.*
🌱 *Alivia el síndrome del intestino irritable.*
🌱 *Combate el estrés.*
🌱 *Mitiga el eccema y las úlceras de piel.*

USOS CULINARIOS
🌱 *Los brotes laterales tiernos pueden cocinarse y comerse.*

ADVERTENCIA: No utilizar si se padece depresión.

SELLO DE ORO

Hydrastis canadensis

El SELLO DE ORO puede actuar como arma de doble filo ya que al emplearse para tratar infecciones intestinales, no solo destruye las bacterias patógenas sino también las beneficiosas. Así pues, se aconseja restringir su uso a un periodo de un mes, seguido de un tratamiento de probióticos (cápsulas que contienen cultivos de bacterias beneficiosas para el intestino).

El sello de oro se usa también como laxante y se puede aplicar externamente para tratar las pieles irritadas y la conjuntivitis.

PARTES UTILIZADAS
- Rizomas.

USOS MEDICINALES
- Tome 20 gotas diarias de tintura líquida.
- Para baños oculares, utilice un preparado comercial para minimizar el riesgo de infección.
- Para su aplicación externa, úselo en forma de loción, compresa o crema.

PROPIEDADES
- Reduce el estreñimiento.
- Posee acción antibacteriana contra infecciones intestinales.
- Calma las pieles irritadas.
- Produce un efecto laxante.

ADVERTENCIA: No utilizar durante más de 1 mes.
No usar tampoco durante el embarazo, ya que estimula los músculos uterinos.

HIPÉRICO

Hypericum perforatum

El HIPÉRICO o hierba de San Juan ha suscitado un gran interés desde que un estudio reveló su eficacia como antidepresivo y su carencia de efectos secundarios. Se descubrió que esta virtud era debida a la elevada concentración de hipericina. Sus principios activos están contenidos en un atractivo pigmento rojo que desprenden las hojas cuando se estrujan. El hipérico posee una eficaz acción sedante que ayuda a calmar los nervios y a combatir el insomnio.

Otro interesante aspecto de esta hierba es su facultad de detener la multiplicación de ciertos virus (retrovirus), lo que significa que podría utilizarse como tratamiento contra el sida. Administrado por vía externa en forma de loción, el hipérico posee una potente acción cicatrizante y antiinflamatoria, y puede emplearse en el tratamiento de varices, contusiones y quemaduras solares.

PARTES UTILIZADAS
- *Toda la planta.*

USO
- *Tome 20 gotas de tintura líquida dos veces al día.*
- *Para su aplicación externa, utilícelo en forma de loción.*

PROPIEDADES
- *Combate el insomnio.*
- *Calma los nervios.*
- *Favorece la cicatrización de heridas.*
- *Posee una acción potencialmente beneficiosa contra el sida.*
- *Alivia quemaduras solares.*

Guía de hierbas

HISOPO
Hyssopus officinalis

El hisopo se cita en el Nuevo Testamento como hierba de propiedades purificadoras, derivadas en gran medida de su elevado contenido en aceites alcanforados. Dichas substancias la hacen eficaz en el tratamiento de infecciones pulmonares, tales como la bronquitis. También se puede emplear para calmar la tos, combatir el catarro y la congestión nasal, y para realizar gargarismos a fin de aliviar el dolor de garganta.

El hisopo puede ayudar a las personas con la presión sanguínea baja a evitar los mareos que experimentan al abandonar la posición de asiento o la posición horizontal. Aplicado externamente, esta hierba puede utilizarse para tratar cortes y contusiones leves.

Partes utilizadas
- *Toda la planta.*

Usos medicinales
- *Tome 2 comprimidos (50mg) de hierba seca dos veces al día.*
- *En forma de tintura líquida, tome de 15 a 20 gotas dos veces al día.*
- *Para su aplicación externa, utilice una compresa para tratar cortes y contusiones menores.*

Propiedades
- *Regula la presión sanguínea baja.*
- *Combate las infecciones pulmonares.*
- *Ayuda a calmar la tos.*
- *Cura cortes y contusiones leves aplicado externamente.*

Usos culinarios
- *Añada unas hojas a sus platos de carne. También es ideal con las legumbres.*

Advertencia: El aceite esencial debe evitarse durante el embarazo o en caso de padecer epilepsia.

JAZMÍN
Jasminum officinale

DESTINADO INICIALMENTE a la industria de la perfumería, el jazmín posee muchas virtudes medicinales. Se ha empleado con éxito como tratamiento para la insolación, la fiebre, la dermatitis y enfermedades infecciosas, que incluyen la tos. Los trastornos emocionales, la depresión posparto, la tensión y las cefalalgias premenstruales responden bien a una dosis de jazmín, dadas sus poderosas propiedades antidepresivas. Esta planta también mitiga los dolores menstruales ya que reduce los espasmos musculares del útero. Aplicado corporalmente en forma de aceite, se considera afrodisíaco.

PARTES UTILIZADAS
Raíces, flores y aceite.

USOS MEDICINALES
Beba 1 taza de infusión de jazmín al día.
Para su aplicación externa, mezcle 6 gotas de aceite esencial con 2 cucharaditas (10ml) de aceite de almendra.

PROPIEDADES
Mejora el estado emocional.
Reduce los síntomas de la dermatitis.
Puede actuar como afrodisíaco.

USOS COSMÉTICOS
Añada de 6 a 8 gotas de aceite esencial al baño.

ADVERTENCIA: No utilizar durante el embarazo.

Guía de hierbas

ENEBRO

Juniperus communis

L A GINEBRA, aromatizada con bayas de enebro, se creó en el siglo XVI como medicamento diurético, ya que su fabricación resultaba muy económica. Desde que se tiene noticia de ella, la virtud diurética del enebro se ha utilizado para el tratamiento de la cistitis, la inflamación renal, la gota y la artritis.
Su aplicación externa alivia los síntomas de la artritis y el reumatismo y se cree que también es adecuado para el tratamiento de las pieles grasas y el acné.

Partes utilizadas
- *Frutos.*

Usos medicinales
- *Tome 20 gotas de tintura líquida dos veces al día.*
- *Para su aplicación externa, añada 6 gotas de aceite esencial de baya de enebro a 2 cucharaditas (10ml) de aceite de almendras y efectúe un masaje en las articulaciones artríticas.*

Propiedades
- *Es un poderoso diurético.*
- *Reduce los síntomas de la gota.*
- *Alivia la cistitis.*
- *Palía los dolores articulares asociados a la artritis.*

Usos cosméticos
- *Puede emplearse en forma de loción para tratar las pieles grasas y el acné.*

Usos culinarios
- *Añada bayas de enebro a los patés, a los condimentos o al chucrut.*

ADVERTENCIA: No utilizar enebro durante el embarazo ya que produce un efecto estimulante de los músculos uterinos.

Bayas de enebro (Juniperus communis).

LAVANDA
Lavandula officinalis

EN LA ÉPOCA ROMANA, la lavanda era famosa por sus aplicaciones medicinales, cosméticas y culinarias. Posteriormente se convirtió en parte esencial de los jardines monásticos de hierbas medicinales.

El dulce aroma de la lavanda es inconfundible y se dice que posee efectos antidepresivos que mejoran el estado anímico.

Dadas sus poderosas propiedades sedantes y calmantes, la lavanda se ha utilizado para el tratamiento de problemas digestivos, ansiedad, reumatismo, irritabilidad, insomnio y cefalalgias provocadas por la tensión. Con lavanda se puede tratar la migraña y las quemaduras leves, sobre todo las solares, así como molestias y dolores musculares causados por el reuma. Asimismo soluciona problemas cutáneos como el acné. La lavanda es uno de los aceites más utilizados en relajación.

Guía de hierbas

Olvide el estrés diario con un baño de lavanda.

Partes utilizadas
- Flores, tallos y aceite esencial.

Usos medicinales
- Para su aplicación externa, mezcle 6 gotas de aceite esencial con 2 cucharaditas (10ml) de aceite de almendras para tratar la zona afectada.
- Para preparar una infusión relajante, utilice un preparado comercial y beba dos infusiones diarias.

Propiedades
- Posee efectos antidepresivos naturales.
- Mejora el estado anímico.
- Reduce la ansiedad.
- Facilita la digestión.
- Calma los dolores musculares y articulares del reuma.
- Alivia la migraña.

Usos cosméticos
- La lavanda se emplea en forma de loción para las quemaduras solares o en crema para pieles secas.
- Añada de 6 a 8 gotas de aceite esencial en el baño.

Usos culinarios
- Condimente sus conservas con lavanda o agréguela a la masa de pasteles y galletas.

Guía de hierbas

LINO

Linum usitatissimum

El LINO se cultiva en extensas plantaciones y contiene una serie de substancias importantes. El aceite de las semillas, combinado con el mucílago de la planta, produce un efecto laxante; el aceite de linaza por sí solo ayuda a reducir la irritación provocada por el eccema ya que contiene elevadas concentraciones de los ácidos grasos esenciales necesarios para la piel. Por vía externa, las semillas trituradas pueden emplearse en cataplasmas para tratar los furúnculos y la pleuresía.

PARTES UTILIZADAS
- *Semillas.*

USOS MEDICINALES
- *Como laxante, mastique y trague 1 ó 2 cucharaditas (5–10ml) de semillas antes de acostarse con un vaso de agua.*
- *En casos de irritación cutánea, tome 1 ó 2g de aceite de linaza a diario, después de las comidas.*
- *Utilice una cataplasma hecha de semillas trituradas para tratar furúnculos y los síntomas de la pleuresía.*

PROPIEDADES
- *Posee propiedades laxantes, beneficiosas para el estreñimiento crónico.*
- *Actúa como antiinflamatorio, sobre todo en problemas cutáneos como el eccema.*
- *Alivia los furúnculos.*

USOS CULINARIOS
- *La harina de linaza, con la cual se elabora un pan excelente, puede hallarse en establecimientos de dietética.*

Guía de hierbas

HARPAGÓFITO
Martynia annua

Los agricultores sudafricanos empezaron a utilizar un extracto de esta hierba al darse cuenta de que los nativos paliaban los síntomas de la artritis y el reumatismo con decocciones hechas a partir de sus raíces.

Su efecto analgésico va acompañado de una acción antiinflamatoria, que convierte a esta hierba en la más adecuada para los problemas de inflamación articular, como la artritis.

El harpagófito destaca también como estimulante digestivo.

PARTES UTILIZADAS
- *Tubérculos.*

USOS MEDICINALES
- *Tome 20 gotas de tintura líquida dos veces al día.*

PROPIEDADES
- *Posee acción analgésica antiinflamatoria natural.*
- *Alivia la inflamación de las articulaciones.*
- *Actúa como estimulante digestivo suave.*

ADVERTENCIA: No utilizar durante el embarazo.

ALFALFA
Medicago sativa

La ALFALFA ES una planta sorprendente ya que es capaz de crecer en condiciones muy duras y transformar un terreno estéril en rica tierra de pasto. El contenido nutricional de la alfalfa es impresionante: comprende las vitaminas C, D, E, K y el complejo B, beta caroteno y los minerales potasio, magnesio y calcio. No obstante, se debe tener cuidado, pues un consumo excesivo de esta hierba podría desencadenar la aparición de un lupus eritematoso sistémico o provocar hipersensibilidad a la luz del sol en ciertas personas.

La alfalfa es un laxante eficaz así como un diurético suave que se usa para tratar infecciones urinarias. Se administra como tónico a personas débiles, convalecientes de alguna enfermedad, y posee la facultad de estimular el apetito.

PARTES UTILIZADAS
❦ *Toda la planta.*

USOS MEDICINALES
❦ *Tome un máximo de 5 comprimidos diarios de planta de alfalfa seca concentrada.*
❦ *Si utiliza tintura líquida, tome de 15 a 20 gotas dos veces al día.*

PROPIEDADES
❦ *Actúa como diurético.*
❦ *Produce efecto laxante.*
❦ *Favorece la recuperación en periodos de convalecencia.*
❦ *Alivia la cistitis.*
❦ *Estimula el apetito.*

USOS CULINARIOS
❦ *Las semillas se pueden utilizar en ensaladas y las hojas se puede comer crudas o cocinadas.*

ADVERTENCIA: No tomar en caso de padecer alguna afección autoinmunitaria como el lupus eritematoso sistémico.

Guía de hierbas

MELISA
Melissa officinalis

Esta hierba con fragancia de limón posee poderosos efectos antivíricos y antibacterianos, que pueden ayudar a combatir los catarros recurrentes. La aplicación de una crema elaborada a base de melisa, justo durante la incubación del catarro, puede impedir su aparición.

El uso interno de esta hierba mitiga los problemas nerviosos y la excitabilidad, especialmente en los niños. Para quienes sufren ataques de pánico y palpitaciones, el extracto de melisa puede ser beneficioso, ya que su acción sedante calma el sistema nervioso. Efectúe un masaje aromaterapéutico de melisa como tratamiento contra la depresión; practique un masaje corporal completo o, si lo prefiere, un masaje antiestrés de espalda y hombros.

Partes utilizadas
- *Toda la planta.*

Usos medicinales
- *Para su aplicación externa, utilice crema. Aplique la suficiente para cubrir la zona tres veces al día.*
- *Para su aplicación aromaterapéutica, mezcle 6 gotas de aceite esencial con 2 cucharaditas (10ml) de aceite de almendras. Efectúe el masaje.*
- *Como tintura líquida, tome 15 gotas dos veces al día.*

Propiedades
- *Posee acción antivírica y antibacteriana.*
- *Calma el sistema nervioso.*
- *Mitiga los ataques de pánico.*
- *Ayuda a combatir la depresión.*

Usos cosméticos
- *Se usa en lociones limpiadoras y como infusión para baños relajantes.*

Usos culinarios
- *Añada las hojas a las sopas, las ensaladas y los platos de pescado. Se puede adquirir cordial de melisa (similar al elixir pero se diluye en agua antes de ingerirse). Es también un ingrediente esencial del licor Benedictino.*

MENTA PIPERITA
Mentha piperita

Esta hierba de intenso aroma tiene una larga historia como agente descongestionante y antiséptico, por lo que es muy apreciada en el tratamiento de catarros y congestión nasal. Los aceites de la planta ejercen una poderosa acción antiespasmódica en el estómago, convirtiéndola en la hierba apropiada para los cólicos del adulto, la dispepsia y el síndrome del intestino irritable. Como remedio contra las náuseas y los mareos, el uso de la menta resulta inocuo para la mujer embarazada. La menta piperita es también adecuada para aliviar los dolores menstruales dado su efecto relajante.

La aplicación externa del aceite de menta reduce las molestias musculares y la neuralgia.

Partes utilizadas
- *Toda la planta.*

Usos medicinales
- *Tome 2 ó 3 preparados comerciales en cápsulas (2ml de aceite por cápsula) entre las comidas para reducir los espasmos intestinales.*
- *Tome una infusión (250ml) dos veces al día.*
- *En masajes aromaterapéuticos, mezcle 6 gotas de aceite con 2 cucharaditas (10ml) de aceite de almendras.*

Propiedades
- *Actúa como agente antiespasmódico intestinal.*
- *Reduce las náuseas y el malestar propios de las primeras semanas del embarazo.*
- *Reduce el agarrotamiento muscular.*
- *Posee acción descongestionante.*

Usos culinarios
- *Añada las hojas al té helado para que sea más refrescante.*

Guía de hierbas

ALBAHACA

Ocimum basilicum

Denominada en ocasiones hierba de San José, no debe confundirse con la hierba de San Juan. Su uso se remonta a tiempos bíblicos, cuando se observó que crecía alrededor de la tumba de Jesucristo tras su resurrección. Se cree que la palabra *albahaca* proviene del griego y significa "rey".

Rica en aceites volátiles, esta planta contiene más de 20 principios activos, como el cinamato metílico (cinamono), el citral (limonero), el timol (tomillo) y alcanfor. Se han cultivado muchas variedades de albahaca, cada una de distinto aroma y sabor, lo que convierte su identificación en una difícil tarea.

Dada su acción estimulante, la albahaca combate el catarro, la gripe y los escalofríos. Asimismo resulta de gran ayuda en casos de gastritis y alivia los dolores abdominales de la menstruación.

Partes utilizadas
* Toda la planta.

Usos medicinales
* Tome 15 gotas de tintura líquida dos veces al día.

Propiedades
* Actúa como estimulante y protege contra las infecciones.
* Combate la gastritis y facilita la digestión.
* Posee acción antiespasmódica.

Usos culinarios
* La albahaca tiene muchos usos en la cocina. Las hojas pueden condimentar cualquier ensalada y darle un sabor especial. La albahaca es la base del pesto (una tradicional salsa para la pasta) así como de muchos rellenos para platos de carne.

Guía de hierbas

HIERBA DEL ASNO
Oenothera biennis

PESE A SER FAMOSA como remedio contra los síntomas premenstruales y menopáusicos, esta hierba es útil para otras muchas cosas. Es una rica fuente de ácido gamma linoleico (GLA), un ácido graso esencial. El GLA es fundamental para la salud de las membranas celulares y regula la producción de hormonas, cuya acción se ve bloqueada por el aceite de hierba del asno. Una dosis de este aceite puede devolver el equilibrio al sistema hormonal y reducir las molestias.

El efecto ejercido sobre las prostaglandinas explicaría cómo la hierba del asno puede reducir la presión sanguínea y el nivel de colesterol libre que circula por la sangre.

El uso tópico de esta planta constituye un remedio inocuo a la costra láctea que suelen padecer los bebés y, si el eccema se desarrolla, puede administrarse por vía interna.

Cabe destacar que la esquizofrenia ha respondido bien al tratamiento con esta hierba aunque se desconoce el mecanismo biológico que desencadena tal respuesta.

Guía de hierbas

Los jabones que contienen aceite de hierba del asno son buenos para hidratar la piel.

Partes utilizadas
- Aceite.

Usos medicinales
- Para combatir los síntomas de la menopausia, tome 2 ó 3 cápsulas (500mg) con agua cada noche.
- Para los síntomas premenstruales, tome 3 cápsulas (500mg) cada noche durante unos 14 días antes de la menstruación.
- Los niños deben tomar unos 250mg de aceite diarios mezclados con las comidas.
- Para tratar la costra láctea, efectúe un masaje para devolver la elasticidad a la piel.

Propiedades
- Regula las hormonas.
- Actúa como agente antiespasmódico para los dolores abdominales.
- Reduce la presión sanguínea.
- Reduce los niveles de colesterol.
- Alivia el eccema.
- Combate los síntomas de la esquizofrenia.

Advertencia: No utilizar en caso de padecer epilepsia o migrañas.

OLIVO
Olea europaea

LOS EXTRACTOS DE OLIVO con fines medicinales se obtienen tanto de las hojas como de los frutos; los extraídos de hojas pueden emplearse en el tratamiento de la presión sanguínea alta y de la tensión nerviosa, mientras que el aceite extraído de los frutos ayuda a combatir el estreñimiento.

La utilización del aceite de oliva en cocina es muy corriente (el mejor es el extra-virgen prensado en frío), además de ser muy saludable para el corazón ya que reduce el nivel de colesterol nocivo sin afectar el de colesterol beneficioso y, al ser monoinsaturado, no existe apenas peligro de que se generen radicales libres si los alimentos no se cocinan a una temperatura muy elevada.

PARTES UTILIZADAS
- *Hojas y frutos.*

USOS MEDICINALES
- *Para conseguir un efecto laxante, tome 2 ó 3 cucharadas (30–45ml) de aceite.*
- *Añada 1 ó 2 cucharadas (15–30ml) de aceite a la comida diariamente.*

PROPIEDADES
- *Protege el corazón.*
- *Reduce el colesterol LDL.*
- *Reduce la presión sanguínea alta.*
- *Calma los nervios y soluciona problemas de tensión.*
- *Alivia el estreñimiento.*

USOS CULINARIOS
- *Utilice el aceite para cocinar pero no lo haga a una temperatura muy elevada. Las olivas pueden trocearse y añadirse a salsas para la pasta y a la masa del pan.*

Guía de hierbas

*Olivas (*Olea europaea*).*

Guía de hierbas

MEJORANA

Origanum majorana

La mejorana es una hierba típicamente culinaria que se utiliza en numerosos platos y cuyas propiedades facilitan la digestión y reducen la flatulencia.

La gran cantidad de timol que contiene la convierte en un eficaz antiséptico de efecto relajante, capaz de reducir la tensión y los dolores menstruales. La mejorana se puede emplear para calmar torceduras, mediante compresas frías, y dolores musculares, con ayuda de compresas calientes. Su aceite se usa en aplicaciones aromaterapéuticas y sirve para aliviar la artritis y el reumatismo.

Las infusiones de mejorana ayudan a combatir el catarro y a mitigar la bronquitis, y mascar sus hojas proporciona un alivio temporal al dolor de muelas.

Partes utilizadas
- Hojas y aceite esencial.

Usos medicinales
- Para efectuar un masaje aromaterapéutico, mezcle 6 gotas de aceite con 2 cucharaditas (10ml) de aceite de almendras.
- Para preparar una infusión, agregue 2 cucharaditas de hojas secas a 1 taza (250ml) de agua y deje reposar 5 minutos.

Propiedades
- Facilita la digestión.
- Calma la tensión.
- Alivia los dolores menstruales.
- Combate el catarro.
- Palía la artritis y el reumatismo.
- Alivia el dolor de muelas temporalmente.

Usos cosméticos
- Agregue una infusión de hojas a su baño para relajarse.

Usos culinarios
- Añada las hojas a sus guisos y a platos de huevos y queso.

Advertencia: No utilizar durante el embarazo.

GINSENG
Panax ginseng

Panax es un derivado de *panacea*, que significa "tratamiento para todos los males". Hace unos 5.000 años, los chinos atribuyeron al ginseng numerosas propiedades curativas. Por vía interna, esta hierba fomenta la secreción de hormonas que proporcionan energía y actúa como tónico general estimulando el sistema nervioso central. Su efecto estimulante puede utilizarse para tratar el estrés y la fatiga crónica.

Se ha demostrado que el ginseng reduce las concentraciones de glucosa y colesterol en sangre, y que estimula la resistencia a las enfermedades. Por otra parte, tiene fama de afrodisíaco.

Parte utilizada
- Raíz.

Uso
- Tome 2 cucharaditas diarias (10ml) de elixir de ginseng durante un máximo de 2 semanas.

Propiedades
- Estimula el sistema nervioso.
- Proporciona energía.
- Fomenta la resistencia a las infecciones.
- Reduce los niveles de glucosa y colesterol en sangre.
- Puede ser afrodisíaco.

Advertencia: El ginseng no debe utilizarse de manera continuada durante más de un mes. En algunos casos puede provocar dolores de cabeza.

Guía de hierbas

PEREJIL

Petroselinum crispum

LA PRIMERA NOTICIA que se tiene del perejil data del siglo III a.C. y la recoge un herbario griego. En la antigua Roma se usaba para cocinar y en ceremonias. Es rico en vitaminas A y C y contiene flavonoides que mitigan las reacciones alérgicas, si bien su principal acción es la destoxificante.

Una dosis de perejil por vía interna puede estimular la menstruación y paliar sus dolores. Esta planta actúa también como diurético eficaz y es adecuado para tratar afecciones renales. Por otra parte, reduce la inflamación de vejiga y de próstata, mientras que a nivel gástrico, mitiga los cólicos, la flatulencia y la indigestión.

El efecto estimulante que esta hierba ejerce en el útero la convierte en nociva durante el embarazo, pero tras el parto, el perejil estimula la lactación y el flujo de leche.

Guía de hierbas

*Dé un delicioso toque a sus aliños
para ensaladas con unas ramitas de perejil.*

PARTES UTILIZADAS
🌱 *Semillas, hojas, raíces y aceite.*

USOS MEDICINALES
🌱 *Tome 20 gotas de tintura líquida dos veces al día.*

PROPIEDADES
🌱 *Estimula el flujo de la leche materna.*
🌱 *Mitiga los dolores menstruales.*

🌱 *Reduce la inflamación de vejiga (cistitis).*
🌱 *Estimula el flujo de orina.*
🌱 *Reduce los cólicos y la indigestión.*

USOS CULINARIOS
🌱 *Se usa como ingrediente para salsas y como aderezo en platos de pescado, queso y huevos.*
🌱 *También puede añadirse a aliños y vinagretas.*

ADVERTENCIA: No utilizar durante el embarazo.

Guía de hierbas

KAVA KAVA
Piper methysticum

Puesto de venta de kava kava en la isla de Tonga, Polinesia.

DE ESTE PIMENTERO EMBRIAGADOR, los polinesios elaboraban una bebida especial que dieron a probar al capitán Cook y los efectos que ésta le causó le llevaron a darle el nombre científico de "pimentero embriagador". Los melanesios todavía elaboran bebida de kava que beben durante ciertos rituales, ya que se cree que intensifica el estado mental de conciencia.

Los herbolarios actuales emplean esta hierba para estimular los sistemas nervioso y circulatorio. El kava kava combate el insomnio y el nerviosismo fomentando el descanso, y palía el dolor provocado por los espasmos musculares y la artritis.

PARTES UTILIZADAS
* *Raíces y rizomas.*

USO
* *Tome 2 comprimidos diarios (100mg) de hierba seca.*

PROPIEDADES
* *Combate el insomnio.*
* *Actúa como tónico nervioso.*
* *Estimula la mente.*
* *Reduce los espasmos musculares.*
* *Reduce los dolores articulares del reumatismo.*

Kava kava (Piper methysticum).

LLANTÉN MAYOR
Plantago major

Descubierto en la antigua China hacia el 206 a.C., el llantén se convirtió en una medicina popular en su época. Sus propiedades astringentes favorecen la cicatrización y actúa como expectorante en casos de infecciones pectorales. Tales propiedades hicieron de ella la hierba ideal en casos de diarrea y enteritis. La savia se emplea por vía externa para tratar infecciones de oído, heridas, conjuntivitis y hemorroides.

PARTES UTILIZADAS
- Hojas.

USOS MEDICINALES
- Tome 20 gotas de tintura líquida dos veces al día.
- Para su aplicación externa, machaque las hojas y recoja el jugo. Aplíquelo directamente sobre la zona afectada.

PROPIEDADES
- Limpia las heridas.
- Posee acción antiséptica.
- Controla la diarrea y la inflamación intestinal.
- Reduce la inflamación del oído y la conjuntivitis.

TORMENTILA

Potentilla tormentilla

Esta modesta planta posee unas raíces gruesas y fuertes que, cuando se cortan, revelan un color rojo parecido al de la sangre.

La tormentila contiene una elevada concentración de astringentes, lo que la convierte en una importante planta medicinal. La acción de esta hierba se debe principalmente al ácido tánico, adecuado para tratar la diarrea y los problemas inflamatorios que afectan las membranas mucosas de la boca, la garganta y el estómago. Asimismo ayuda a cicatrizar heridas y cortes.

PARTES UTILIZADAS
- Raíces (rizoma).

USOS MEDICINALES
- Tome 2 gotas de tintura líquida dos veces al día.
- Use una cataplasma para tratar las heridas externas.

PROPIEDADES
- Ayuda a tratar la colitis.
- Reduce la diarrea.
- Suaviza la garganta irritada.
- Reduce la inflamación de la mucosa bucal.
- Cicatriza heridas y cortes.

Guía de hierbas

ENDRINO
Prunus spinosa

EL ENDRINO CONTIENE poderosas substancias químicas (los glucósidos antraquinonas) que estimulan la contracción de las paredes intestinales, lo cual provoca náuseas, dolores abdominales y vómitos. Guardando durante algunos años esta hierba se reduce este efecto de manera considerable.

Por dicho motivo, el endrino se ha utilizado como purgante (para causar el vómito) y, en menores dosis, como laxante.

PARTES UTILIZADAS
🌾 *Corteza y frutos.*

USOS MEDICINALES
🌾 *Tome 20 gotas diarias de tintura líquida.*

PROPIEDADES
🌾 *Actúa como laxante eficaz.*
🌾 *Actúa como purgante.*
🌾 *Actúa como diurético.*

ADVERTENCIA: Esta hierba produce efectos contundentes. Una sobredosis puede provocar vómitos y diarrea.

Guía de hierbas

ROMERO

Rosmarinus officinalis

R ICO EN ACEITES volátiles, el romero es un potente agente antiséptico de poderosa acción antiinflamatoria, cuyo contenido en ácido fenólico le otorga acción antimicrobiana. Recientes estudios han apuntado su posible efecto beneficioso en el tratamiento del síndrome del shock tóxico, pero lo que es incuestionable es su uso tradicional como agente antiinfeccioso.

El uso por vía interna del romero comprende el tratamiento de la depresión, la fatiga, la migraña y el dolor de cabeza, la mala circulación y los trastornos digestivos como la flatulencia. Esta hierba actúa como estimulante circulatorio eficaz al tiempo que calma y equilibra el sistema digestivo.

El aceite de romero aplicado externamente puede aliviar los síntomas del reumatismo y los dolores musculares, además de actuar como repelente de insectos. Por otra parte, las infusiones de romero se han utilizado tradicionalmente en forma de champú para estimular el crecimiento del pelo y aclarar el cabello rubio. Con las hojas secas se pueden hacer popurrís y perfumar la ropa de casa.

Romero (Rosmarinus officinalis).

PARTES UTILIZADAS
❦ *Hojas, sumidades florales y aceite esencial.*

USOS MEDICINALES
❦ *Para su aplicación externa, aplique 6 gotas de aceite esencial mezcladas con 2 cucharaditas (10ml) de aceite de almendras a la zona afectada dos veces al día.*
❦ *Tome 10 gotas de tintura líquida dos veces al día.*
❦ *Para preparar una infusión, añada una cucharadita de hojas picadas a 1 taza de agua hirviendo (250ml) y deje reposar durante 5 minutos.*

PROPIEDADES
❦ *Actúa como agente antiséptico en cortes y heridas.*
❦ *Posee acción antidepresiva.*
❦ *Reduce los síntomas de la migraña y el dolor de cabeza.*
❦ *Estimula la circulación y la digestión.*
❦ *Mitiga la flatulencia.*

USOS CULINARIOS
❦ *Apropiado con cordero y en sopas y estofados. Introduzca un ramito fresco en aceite y déjelo durante 1 mes para obtener aceite aromático. Guárdelo en el frigorífico y consúmalo sin dilación.*

ADVERTENCIA: No utilizar el aceite esencial por vía interna.

HOJAS DE FRAMBUESO
Rubus idaeus

La utilización de la frambuesa como parte de la dieta humana se remonta a la antigüedad; incluso Hipócrates (~460–370 a.C.) mencionaba el frambueso en sus escritos.

Las propiedades astringentes de esta hierba benefician a la mujer embarazada al tonificar los músculos uterinos y a menudo se administra como preparación al parto. También se toma durante los dos meses siguientes para restituir el tono del útero. Como remedio a los dolores menstruales, el frambueso resulta ser muy eficaz.

PARTES UTILIZADAS
- *Hojas y frutos.*

USOS MEDICINALES
- *Para preparar una infusión, añada una cucharadita de hojas de frambueso (o use un preparado comercial) a 1 taza (250ml) de agua hirviendo y tómela dos veces al día durante el tercer trimestre de gestación.*
- *Como remedio a los dolores menstruales, beba infusiones.*

PROPIEDADES
- *Facilita el parto.*
- *Tonifica el útero.*
- *Reduce el dolor menstrual.*

ADVERTENCIA: El uso de esta hierba durante el periodo de gestación debe limitarse al tercer trimestre.

RUSCO
Ruscus aculeatus

Y A EN EL SIGLO I D.C. eran conocidas las propiedades medicinales del rusco y se utilizaba para tratar los cálculos renales. Las técnicas modernas han permitido identificar su principio activo, una substancia esteroidea que reduce la inflamación de manera eficaz mediante la contracción de las venas.

El rusco se emplea corrientemente como diurético suave. Cuando se administra por vía interna, su acción tónica beneficia al sistema circulatorio, mejorando la mala circulación y las hemorroides. Su aplicación externa también contribuye a aliviar las hemorroides.

PARTES UTILIZADAS
🌱 *Brotes jóvenes y raíces.*

USOS MEDICINALES
🌱 *Tome 15 gotas de tintura líquida dos veces al día.*
🌱 *Para su aplicación externa, úselo en forma de crema.*

PROPIEDADES
🌱 *Actúa como tónico circulatorio.*
🌱 *Posee acción antiinflamatoria.*
🌱 *Reduce la hinchazón de tobillos.*
🌱 *Palía los dolores artríticos.*

ADVERTENCIA: Evitar en casos de presión sanguínea alta.

Guía de hierbas

SAUCE BLANCO
Salix alba

EL SAUCE CONTIENE ácido salicílico, una substancia natural similar al principio activo de la aspirina, fabricado por primera vez para su uso comercial en 1838.

Los efectos de la aspirina son muy conocidos y comprenden la reducción de la fiebre, la mejora del anquilosamiento articular asociado a la artritis y el reumatismo, el alivio del dolor de cabeza y la reducción de la inflamación.

Cabe destacar que la ingestión de ácido salicílico puro provoca irritación gástrica, pero su presencia en el sauce se ve amortiguada por los taninos, que protegen el estómago.

PARTES UTILIZADAS
❦ *Hojas y corteza.*

USOS MEDICINALES
❦ *Tome 20 gotas de tintura líquida dos veces al día después de las comidas.*

PROPIEDADES
❦ *Actúa como agente antiinflamatorio.*
❦ *Ayuda a tratar la artritis y el reumatismo.*
❦ *Posee acción febrífuga.*

SALVIA
Salvia officinalis

La SALVIA, asociada a la longevidad durante el siglo XVIII, era una hierba muy apreciada. Una ramita recién cortada desprende un amplio abanico de aromas gracias a su alto contenido en aceites volátiles.

Esta planta proporciona un agente antiséptico fácil de obtener. El jugo de la hierba fresca, que puede usarse como enjuagador bucal y para efectuar gargarismos contra la amigdalitis y la laringitis, posee acción antiséptica y antiinflamatoria. Utilizada en forma de compresa, ayuda a cicatrizar las heridas.

Los extractos de salvia relajan el músculo liso de los órganos internos y producen un efecto químico en la mujer similar al del estrógeno, capaz de mitigar los problemas menopáusicos. Esta acción estrogénica puede asimismo reducir o suprimir la producción de leche materna. Así pues, esta hierba puede tomarse a fin de controlar el exceso de producción de leche.
La salvia se ha empleado también para favorecer la fertilidad.

Esta hierba es muy beneficiosa para personas con trastornos digestivos, tales como la dispepsia, y en casos de indigestión.

*La infusión de salvia (*Salvia officinalis*)
ayuda a combatir el estrés.*

PARTES UTILIZADAS
- Hojas.

USOS MEDICINALES
- Tome 20 gotas de tintura líquida dos veces al día.
- Para su uso externo, utilice una compresa en heridas.

PROPIEDADES
- Estimula la fertilidad.
- Mitiga los problemas menopáusicos.
- Reduce la producción excesiva de leche materna.
- Posee efectos antisépticos y antiinflamatorios.

USOS CULINARIOS
- Con las hojas de salvia se pueden preparar deliciosas infusiones. También puede constituir el ingrediente clave de un relleno o el condimento de una sopa vegetal. Usar en pequeñas cantidades.

ADVERTENCIA: No utilizar durante el embarazo; esta hierba en grandes cantidades resulta tóxica.

AMARO
Salvia sclarea

EXISTEN MÁS de 40 especies diferentes dentro de las salvias. Una de ellas es el amaro, una hierba que, combinada con las flores de saúco, servía para dar al vino el sabor de moscatel.

El aceite volátil se emplea en masajes aromaterapéuticos y posee muchas acciones terapéuticas. Es muy eficaz como antidepresivo y puede actuar como sedante, dado que calma los nervios. El amaro se utiliza también como tónico general y ayuda a aliviar los dolores menstruales. Este aceite combina muy bien con el sándalo (*Santalum album*) y la lavanda (*Lavandula officinalis*), y su uso es inocuo para los niños.

PARTES UTILIZADAS
- *Aceite esencial.*

USOS MEDICINALES
- *Para su aplicación aromaterapéutica, agregue 3 gotas a 1 cucharadita (5ml) de aceite de almendras y efectúe el masaje.*
- *Añada 2 gotas a 1 cucharadita (5ml) de aceite de almendras para el baño infantil.*

PROPIEDADES
- *Combate la depresión.*
- *Produce un efecto calmante.*
- *Alivia los dolores menstruales.*

ADVERTENCIA: No utilizar durante las primeras semanas del embarazo ni mezclar con alcohol.

Guía de hierbas

SAÚCO

Sambucus nigra

Cuando note los primeros síntomas del resfriado, beba una infusión caliente de saúco. Así estimulará el aumento de su temperatura corporal, lo cual ayudará a su organismo a acelerar la eliminación de las bacterias o virus invasores. El saúco posee propiedades descongestionantes y puede combinarse con muchas hierbas para fomentar su acción en la lucha contra las infecciones de pecho, la congestión nasal y los escalofríos. Esta hierba también alivia los síntomas de la fiebre del heno, la congestión bronquial y la sinusitis. Sus frutos se emplean para calmar las articulaciones reumáticas.

Una aplicación externa de saúco, en forma de infusión o de ungüento, contribuye a aliviar las pieles irritadas, las contusiones, las torceduras y las heridas leves. El agua de flor de saúco es un eficaz tónico cutáneo que da brillo y elimina las manchas de la piel.

Guía de hierbas

*Flores de saúco (*Sambucus nigra*).*

PARTES UTILIZADAS
🌱 *Hojas, corteza, flores y frutos.*

USOS MEDICINALES
🌱 *El zumo de baya de saúco hervido con azúcar para crear un jarabe es un buen remedio para el resfriado y la bronquitis si se toma dos veces al día.*
🌱 *Para su aplicación externa, utilícelo en forma de crema.*

PROPIEDADES
🌱 *Cura el resfriado y la gripe.*
🌱 *Incrementa la temperatura corporal para ayudar a resolver las infecciones.*
🌱 *Mitiga la sinusitis.*
🌱 *Calma las pieles irritadas.*

USOS COSMÉTICOS
🌱 *En forma de loción o leche limpiadora, suaviza la piel.*

USOS CULINARIOS
🌱 *Cueza el zumo de los frutos con un poco de azúcar, jengibre y algo de clavo para obtener cordial de saúco.*
Con los frutos también pueden elaborarse confituras y salsas.

ADVERTENCIA: Las semillas de saúco deben evitarse ya que pueden ser tóxicas. Nunca deben comerse los frutos crudos.

Guía de hierbas

TERCIANARIA
Scutellaria baicalensis

MENCIONADA por vez primera por los chinos en escritos que se remontan al 25–220 d.C., la tercianaria se ha usado en preparados medicinales desde siempre. Sus principios activos, como ciertos flavonoides que mejoran la función del hígado, la convierten en un remedio eficaz contra todo tipo de enfermedades hepáticas. También constituye un tratamiento adecuado para las picaduras venenosas, la diarrea y la faringitis, dada su acción antiinflamatoria. Asimismo, se emplea para tratar la ansiedad, la depresión y el insomnio, ya que relaja el sistema nervioso.

Los indios cherokee usaban esta planta para provocar la menstruación, pero esta práctica ha caído en desuso.

PARTES UTILIZADAS
- *Raíces.*

USOS MEDICINALES
- *Tome 20 gotas de tintura líquida dos veces al día después de las comidas.*

PROPIEDADES
- *Se usa para tratar las enfermedades del hígado.*
- *Reduce la gastroenteritis.*
- *Frena la diarrea.*
- *Suaviza el dolor de garganta.*
- *Combate el insomnio.*

Guía de hierbas

CARDO MARIANO
Silybum marianum

Esta poderosa hierba es capaz de contrarrestar el efecto de una dosis letal de la venenosa seta *Amanita phalloides*. La presencia de silimarine en esta amarga planta sirve de protección a los sistemas enzimáticos del hígado.

El jugo del cardo no solo protege la función del hígado sino que la favorece y provoca la aparición de nuevas células hepáticas. Esta acción se aprovecha para tratar la cirrosis y la hepatitis, dos enfermedades que pueden llegar a ser mortales.

PARTES UTILIZADAS
- *Toda la planta.*

USOS MEDICINALES
- *Tome 20 gotas de tintura líquida dos veces al día.*

PROPIEDADES
- *Protege el hígado.*
- *Ayuda a combatir la hepatitis.*
- *Regenera las células hepáticas dañadas.*

CONSUELDA

Symphytum officinale

La CONSUELDA es probablemente una de las hierbas medicinales más conocidas empleada por los herbolarios desde hace muchos siglos. Perteneciente a la familia de la borraja (*Borago officinalis*), se conoce también con los nombres de suelda o consólida, por su capacidad de curar fracturas óseas. Investigaciones recientes han logrado aislar un principio activo (el alcaloide pirrolicidina) responsable de sus propiedades curativas. No obstante, esta substancia puede dañar el hígado y provocar tumores. Por este motivo, se desaconseja su uso interno.

Utilizado por vía externa, la consuelda acelera la cicatrización de heridas. Las cremas a base de consuelda son inocuas y constituyen remedios muy eficaces para heridas, eccemas, psoriasis, hemorroides y úlceras de piel. Una cataplasma de consuelda ayuda a curar esguinces y cortes graves, al tiempo que alivia el dolor y la inflamación. También se emplea para drenar furúnculos y abscesos. La crema de consuelda se ha utilizado para el tratamiento de la mastitis en mujeres lactantes pero, dados sus posibles efectos tóxicos, este uso debe evitarse para que el niño no la ingiera durante la lactación.

Partes utilizadas
- *Hojas y raíces.*

Usos medicinales
- *Para su uso externo, aplique crema localmente.*
- *Para su aplicación externa, utilice una cataplasma.*

Propiedades
- *Solventa problemas cutáneos.*
- *Acelera la cicatrización de heridas.*
- *Calma las hemorroides.*
- *Reduce la inflamación asociada al eccema y la psoriasis.*
- *Drena furúnculos y abscesos.*
- *Alivia los esguinces.*

Usos cosméticos
- *Añada una infusión de hojas de consuelda al baño.*
- *La loción de consuelda suaviza la piel.*

*Use bálsamo de consuelda (*Symphytum officinalis*) para proteger sus labios.*

ADVERTENCIA: No utilizar por vía interna ni para tratar la mastitis si se está dando el pecho.

CLAVO

Syzygium aromaticum

EL CLAVO FRESCO, que ya en el 600 d.C. era utilizado por los chinos con distintos fines, es bastante distinto a la hierba seca en forma de ramita a la que estamos acostumbrados.

El aceite volátil del clavo (el eugenol) le proporciona su aroma único. Recientemente se ha identificado otro de sus componentes activos (el salicilato metílico), que podría estar relacionado con las propiedades analgésicas atribuidas a los extractos.

Utilice aceite de clavo para calmar el dolor de muelas. Aplique una pequeña cantidad directamente en el diente, ayudándose de un bastoncito de algodón para llegar a las zonas difíciles. No es aconsejable dejar el algodón empapado de aceite de clavo demasiado tiempo en el mismo lugar, ya que el tejido bucal próximo podría verse afectado. Su uso por vía interna ayuda a solucionar los trastornos gástricos, las náuseas, los escalofríos e incluso la impotencia.

PARTES UTILIZADAS
- *Capullos florales y aceite.*

USOS MEDICINALES
- *Aplique unas gotas de aceite para el dolor de muelas 2 ó 3 veces al día.*
- *Añada 6 clavos a una infusión de hierbas y deje reposar 5 minutos.*

PROPIEDADES
- *Alivia los trastornos gástricos.*
- *Combate el catarro.*
- *Actúa como remedio contra el dolor de muelas.*

USOS CULINARIOS
- *El clavo da un sabor especial a los embutidos, sobre todo al jamón. Rellene jamón con clavo y envuélvalo bien para que adquiera sabor. Para elaborar aceite aromático, sumerja clavo en aceite durante un mes. Guárdelo en el frigorífico y consúmalo sin demora.*

MATRICARIA

Tanacetum parthenium

Se han realizado muchas investigaciones en torno a esta poderosa hierba. La matricaria contiene muchos principios activos, entre los cuales figura el partenólido, que tiene la capacidad de bloquear la acción de la serotonina, una substancia química inflamatoria liberada por las plaquetas. Algunos estudios han confirmado la capacidad de los extractos de matricaria para curar las migrañas, ya que bloquean la acción de las prostaglandinas —unos compuestos análogos a las hormonas liberados por los glóbulos blancos que agravan las migrañas al afectar a la circulación sanguínea del cerebro—. Con esta hierba también se puede tratar la fiebre leve, el reumatismo y la artritis.

PARTES UTILIZADAS
- *Hojas y tallos.*

USOS MEDICINALES
- *Tome 20 gotas de tintura líquida dos veces al día.*

PROPIEDADES
- *Sirve para tratar la migraña.*
- *Controla la fiebre leve.*
- *Puede ayudar en casos de dolor articular y artritis.*

ADVERTENCIA: No utilizar durante el embarazo. No es aconsejable ingerir hojas frescas ya que pueden provocar úlceras bucales.

Guía de hierbas

TANACETO
Tanacetum vulgare

EL TANACETO se ha utilizado como repelente de insectos desde la época medieval; sus hojas se colgaban en las casas para repeler las moscas.

El tanaceto tiene numerosos usos terapéuticos. Es un poderoso emenagogo y posee propiedades antiparasitaras, lo cual lo convierte en una hierba útil para tratar y eliminar las lombrices del conducto digestivo. Además, esta planta facilita la digestión y atenúa la dispepsia.

Su aplicación externa se emplea como tratamiento contra la sarna y como alivio para el reumatismo.

PARTES UTILIZADAS
- *Hojas.*

USOS MEDICINALES
- *Para su aplicación externa, use una compresa como tratamiento de la sarna y las articulaciones reumáticas.*

PROPIEDADES
- *Estimula la menstruación.*
- *Elimina las lombrices.*
- *Favorece la digestión.*
- *Mitiga la dispepsia.*
- *Palía el reumatismo.*
- *Ayuda a tratar la sarna.*

USOS CULINARIOS
- *Las hojas frescas se pueden usar en ensaladas y platos de huevos, pero sólo en pequeñas cantidades.*

ADVERTENCIA: No tomar durante un periodo de tiempo prolongado. Evitar durante el embarazo. Una sobredosis de infusión o aceite de tanaceto puede causar la muerte.

Guía de hierbas

DIENTE DE LEÓN
Taraxacum officinale

El diente de león —utilizado por los chinos desde el 659 d.C.— apareció en la medicina europea en 1480.

Esta hierba actúa como diurético, aumentando de tal modo el flujo de orina que los primeros en utilizarla solían llamarla "moja-camas". Se cree que su elevado contenido en potasio es el responsable de esta acción. La presión sanguínea alta también se puede reducir mediante el tratamiento con diente de león, gracias a su acción diurética y a su contenido en potasio. El diente de león es beneficioso para el hígado y la vesícula biliar y, por este motivo, se ha utilizado para tratar la hepatitis, los cálculos biliares, la gota y problemas cutáneos, tales como el eccema.

PARTES UTILIZADAS
- Toda la planta.

USOS MEDICINALES
- Tome 20 gotas de tintura líquida dos veces al día.

PROPIEDADES
- Actúa como agente estimulante del hígado.
- Aumenta el flujo biliar.
- Remedia problemas cutáneos como el eccema.
- Reduce la presión sanguínea.
- Aumenta el flujo de orina (diurético).
- Constituye una fuente de potasio.

USOS COSMÉTICOS
- Añada una infusión de hojas de diente de león al baño para limpiar la piel.

USOS CULINARIOS
- Cocine las hojas frescas como si fueran espinacas o agréguelas a la ensalada.

Guía de hierbas

TOMILLO
Thymus vulgaris

EL TOMILLO es otra hierba de apreciadas propiedades antisépticas. Su principio activo es el timol y su aroma varía entre las diferentes especies, en función de las concentraciones de aceites presentes en la planta. El uso del tomillo para los problemas respiratorios tiene una larga tradición. Por vía interna, se usa para combatir la tos y el resfriado, y otros problemas más graves, como la bronquitis o el asma. Su capacidad para eliminar mucosidades lo convierte en el remedio ideal contra la congestión crónica. Su aplicación externa calma el dolor de las articulaciones.

PARTES UTILIZADAS
- Toda la planta.

USOS MEDICINALES
- Tome 20 gotas de tintura líquida dos veces al día.
- Para su aplicación externa, mezcle 6 gotas de aceite esencial con 2 cucharaditas (10ml) de aceite de almendras y aplíquelo sobre la zona afectada.

PROPIEDADES
- Aclara la congestión y las infecciones pulmonares.
- Reduce los síntomas del asma.
- Posee acción antiséptica.
- Frena el resfriado.
- Calma el dolor articular.

USOS CULINARIOS
- El tomillo es la base del bouquet garni. Añada un poco a la sopa, y a los platos de carne y pescado. También da sabor a las marinadas.

ADVERTENCIA: No utilizar aceite esencial por vía interna. Evitar durante el embarazo.

FENOGRECO

Trigonella foenum-graecum

Ya en en el 1500 a.c. se utilizaba el fenogreco y sus efectos aparecen documentados en los escritos de los antiguos egipcios. Su capacidad para reducir los espasmos musculares lo convirtió en la hierba preferida para aliviar las molestias menstruales y los dolores del parto. En antiguas civilizaciones, se empleaba incluso para provocar el parto.

La medicina moderna se ha interesado por los extractos de fenogreco desde que se aislaron dos substancias químicas: la trigonelina (tratamiento potencial contra el cáncer) y ciertas saponinas, usadas en preparados contraceptivos.

El uso tradicional de esta hierba ha sido el tratamiento de la diabetes no dependiente de insulina, la inflamación gástrica, los problemas digestivos y los dolores menstruales. También estimula el flujo de leche materna y, por vía externa, alivia la artritis.

PARTES UTILIZADAS
* *Hojas y semillas.*

USOS MEDICINALES
* *Tome 20 gotas de tintura líquida dos veces al días.*
* *Para su aplicación externa, use una cataplasma. Mezcle semillas frecas trituradas con un poco de agua y aplique la cantidad necesaria.*

PROPIEDADES
* *Reduce el dolor menstrual.*
* *Estimula el flujo de leche materna.*
* *Favorece la digestión.*
* *Mantiene el equilibrio de azúcar en la sangre.*
* *Alivia la artritis.*

USOS CULINARIOS
* *Use semillas de fenogreco para dar un sabor picante a las sopas y las zanahorias.*

TUSILAGO

Tussilago farfara

Esta planta se empleaba ya en tiempos de Plinio el Viejo como remedio para la tos persistente: las hojas y las raíces se quemaban con carbón y se inhalaba el humo que generaban. Durante el periodo clásico, se fumaba esta hierba para tratar el asma y la congestión pulmonar.

El tusilago sabe a regaliz y se usa para controlar espasmos del sistema respiratorio. Como expectorante, es una hierba bastante eficaz, pero su propiedad principal es reducir la inflamación asociada a la irritación de las membranas mucosas de las vías respiratorias. Externamente, esta planta produce un efecto calmante en la piel inflamada, sobre todo en casos de eccema y dermatitis.

Partes utilizadas
- Flores y hojas.

Usos medicinales
- Tome 20 gotas de tintura líquida dos veces al día después de las comidas.
- Use compresas para el eccema y la dermatitis.

Propiedades
- Actúa como remedio para la tos y como expectorante.
- Ayuda a controlar el asma.
- Palía los síntomas de la bronquitis y la laringitis.
- Produce un efecto calmante en las pieles inflamadas.

HOJAS DE SASAFRÁS
Umbellularia californica

Las hojas de sasafrás —planta originaria de California— constituyen un eficaz repelente de insectos. La planta del sasafrás posee un intenso aroma de alcanfor y se utiliza como inhalante para el tratamiento de la cefalalgia y la sinusitis. Para tratar el dolor de cabeza y la neuralgia, las hojas se suelen aplicar sobre la zona afectada en forma de cataplasma.

PARTES UTILIZADAS
- *Hojas.*

USOS MEDICINALES
- *En forma de infusión, tome 2 ó 3 tazas (475–750ml) diarias.*
- *En forma de tintura líquida, tome 25 gotas dos veces al día.*

PROPIEDADES
- *Actúa como remedio para el dolor de cabeza.*
- *Mitiga la neuralgia.*

USOS CULINARIOS
- *Sustituya las hojas de laurel por las de sasafrás en sus platos de carne o estofados.*

ADVERTENCIA: No utilizar raíces de sasafrás puesto que son carcinógenas.

Guía de hierbas

ORTIGA
Urtica dioica

L A ORTIGA SE UTILIZA desde la época romana como tratamiento para el reumatismo; los romanos la friccionaban contra las articulaciones para provocar una reacción inflamatoria calmante.

Las ortigas constituyen una rica fuente de nutrientes, sobre todo de vitaminas A, B y C, y de minerales como el sílice. Las propiedades astringentes de la hierba reducen el flujo y la presión sanguínea, y controlan las hemorragias. Puede utilizarse para tratar las hemorragias nasales.

Por vía interna, las ortigas contribuyen a la recuperación del equilibrio nutricional de quienes padecen anemia y pueden también controlar el exceso de flujo menstrual. La artritis, la gota y el reumatismo pueden paliarse con el uso de ortigas, posiblemente debido a su acción diurética.

PARTES UTILIZADAS
- *Toda la planta y las hojas.*

USOS MEDICINALES
- *Tome 20 gotas de tintura líquida dos veces al día.*

PROPIEDADES
- *Reduce los síntomas de la artritis y el reumatismo.*
- *Previene la anemia.*
- *Controla las hemorragias.*

USOS COSMÉTICOS
- *Use champú de ortiga para eliminar la caspa.*

USOS CULINARIOS
- *Cocine las hojas jóvenes como si fueran espinacas o como un puré. De la ortiga se puede hacer vino o cerveza. Las hojas más viejas pueden ser arenosas y no deben emplearse para usos culinarios.*

ADVERTENCIA: No ingerir la planta cruda, ya que es venenosa y puede dañar el riñón.

ARÁNDANO AGRIO

Vaccinium macrocarpon

U<small>N ESTUDIO RECIENTE</small> sobre el arándano revela que en Estados Unidos se consumen unos 81,5 millones de kilos de arándano, lo que equivale a 1.250 millones de dólares. Se trata, pues, de una planta realmente muy popular.

Cerca del 80% del contenido del arándano agrio es agua pero es muy rico en vitamina C. Su nivel de ácido cítrico es muy alto, incluso mayor que el del limón.

Las propiedades curativas del arándano se conocen desde el siglo XVII, cuando se utilizaba para tratar problemas de estómago

*Arándano agrio (*Vaccinum macrocarpon*).*

Guía de hierbas

y de hígado. El arándano agrio se ha convertido en la hierba de elección para el tratamiento de las infecciones de vejiga. Los estudios llevados a cabo han hallado un polímero natural (la arbutina) que impide a las bacterias adherirse a las paredes de la vejiga y de los conductos urinarios. Una teoría anterior sugería que el arándano producía acidez en la orina, lo que mataba las bacterias. No obstante, esta hipótesis ha sido rechazada al descubrirse que en realidad el extracto impide la adherencia de las bacterias a las paredes del sistema urinario.

Las confituras de arándano agrio son deliciosas.

PARTES UTILIZADAS
 Frutos.

USOS MEDICINALES
 Tome 2 comprimidos (100mg) de bayas secas dos veces al día durante la fase aguda y 1 comprimido (50mg) durante el mes siguiente.
 Añada 1 cucharadita (5ml) de polvo de arándano (preparado comercial) a ⅔ de taza (150ml) de agua y beba la mezcla dos veces al día hasta que los síntomas remitan. Durante el siguiente mes, agregue sólo ½ cucharadita (2,5ml).

PROPIEDADES
 Puede tratar la cistitis.
 Limpia las vías urinarias.

USOS CULINARIOS
 Añada los frutos a confituras, postres y ensaladas.

Guía de hierbas

ARÁNDANO SILVESTRE
Vaccinium myrtillus

El ARÁNDANO SILVESTRE contiene multitud de substancias fitoquímicas beneficiosas. Los compuestos llamados glucoquinonas rebajan el nivel de azúcar en sangre, mientras que otros agentes denominados antrocianósidos facilitan la circulación mediante la dilatación de los vasos sanguíneos. La especie *Vaccinium myrtillus* contiene una substancia única (arbutina), de poderosos efectos antisépticos en el sistema urinario, que se utiliza como tratamiento natural contra la cistitis.

Durante la Segunda Guerra Mundial, los pilotos de la Royal Air Force del Reino Unido tomaban confituras de arándano silvestre para mejorar su visión nocturna. Cabe destacar que estudios recientes han confirmado que el extracto de arándano regenera la rodopsina (substancia química que favorece la visión nocturna) y, por lo tanto, mejora la visión.

PARTES UTILIZADAS
- *Hojas y frutos.*

USOS MEDICINALES
- *Tome 20 gotas de tintura líquida dos veces al día.*

PROPIEDADES
- *Mejora la visión.*
- *Regula la glucosa sanguínea.*
- *Actúa como remedio eficaz para la cistitis.*

USOS CULINARIOS
- *La confitura de arándano es un producto muy corriente en ciertos países. Los frutos se añaden a ensaladas y postres.*

Guía de hierbas

VALERIANA
Valeriana officinalis

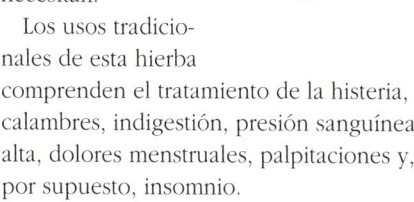

EL NOMBRE DE VALERIANA deriva de la palabra latina *valere* que significa "estar bien". Esta hierba facilita la recuperación al proporcionar un sueño apacible y relajante, que permite al organismo llevar sus poderes curativos adonde más se necesitan.

Los usos tradicionales de esta hierba comprenden el tratamiento de la histeria, calambres, indigestión, presión sanguínea alta, dolores menstruales, palpitaciones y, por supuesto, insomnio.

La valeriana se puede combinar con la pasionaria (*Passiflora incarnata*) para conseguir un efecto sedante más intenso, o bien con el regaliz (*Glycyrrhiza glabra*) o el hisopo (*Hyssopus officinalis*) para obtener un expectorante. Utilizada en enjuagues, esta hierba ayuda a curar las úlceras bucales.

PARTES UTILIZADAS
🌿 *Rizoma, raíces y aceite.*

USOS MEDICINALES
🌿 *Tome 25 gotas de tintura líquida antes de acostarse para conciliar el sueño.*
🌿 *Use una infusión fría como enjuagador bucal.*

PROPIEDADES
🌿 *Actúa como agente calmante.*
🌿 *Ayuda a conciliar el sueño.*
🌿 *Calma los ataques de pánico.*
🌿 *Reduce la tensión muscular.*
🌿 *Suaviza los dolores menstruales.*

Guía de hierbas

GORDOLOBO

Verbascum thapsus

El GORDOLOBO se ha utilizado en medicina tradicional para tratar trastornos respiratorios como la tos, la congestión y el asma. Antiguamente se usaba como tratamiento para enfermedades graves como la tuberculosis y se asociaba a la brujería; se creía que las brujas usaban los pelos de las hojas para elaborar pociones. Los griegos y los romanos introducían los tallos en sebo y los usaban como antorchas. El gordolobo posee propiedades expectorantes y antiinflamatorias; calma y suaviza la tos, y ayuda a expulsar la flema.

Partes utilizadas
- *Hojas.*

Usos medicinales
- *Para preparar una infusión, añada 2 cucharaditas (10ml) de hojas secas a 1 taza (250ml) de agua hirviendo y deje reposar 5 minutos.*
- *Tome tintura líquida a base de flores para la tos y el dolor de garganta.*
- *Tome una tintura de hojas para eliminar la flema.*

Propiedades
- *Calma la tos seca y la irritación.*
- *Actúa como sedante suave.*
- *Posee acción diurética suave.*
- *Posee acción expectorante.*
- *Posee acción antiinflamatoria.*

Usos cosméticos
- *Use una infusión de hojas secas para aclarar el cabello y darle brillo.*

Guía de hierbas

VERBENA
Verbena officinalis

El uso medicinal de la verbena tiene una larga historia, sobre todo en el tratamiento de trastornos nerviosos.

La verbena combate la depresión que a menudo se manifiesta tras una enfermedad y ayuda a tratar las migrañas y cefalalgias provocadas por el estrés.

Esta hierba contiene amargos que estimulan el hígado y palían la hepatitis y la ictericia. También estimula el sistema digestivo y favorece la digestión. La verbena posee acción diurética, la cual reduce la retención de fluidos. Es un eficaz emenagogo y, en forma de infusión antes de dormir, actúa como sedante suave.

La verbena calma la inflamación de ojos y se puede emplear para tratar las picaduras de insectos y las torceduras.

Partes utilizadas
🌿 *Hojas.*

Usos medicinales
🌿 *Para preparar una infusión, añada 2 cucharaditas de hojas secas a 1 taza (250ml) de agua hirviendo y deje reposar 5 minutos antes de beber.*
🌿 *Utilice una infusión para calmar la inflamación de ojos.*
🌿 *Para las picaduras de insectos y las heridas leves, utilice una cataplasma.*
🌿 *Para tratar el eccema, utilice un ungüento.*

Propiedades
🌿 *Combate la depresión.*
🌿 *Facilita la digestión.*
🌿 *Palía los trastornos nerviosos.*
🌿 *Mitiga la hepatitis y la ictericia.*
🌿 *Estimula la menstruación.*
🌿 *Posee acción diurética.*
🌿 *Posee acción sedante suave.*
🌿 *Atenúa la conjuntivitis.*

Advertencia: No utilizar la verbena durante el embarazo ya que actúa como estimulante uterino.

MUNDILLO

Viburnum opulus

El mundillo y el viburno americano (*Viburnum prunifolium*), especies estrechamente relacionadas, se emplean desde la época colonial como tratamiento para los dolores ocasionados por la menstruación. Esta planta contiene substancias vegetales que relajan el útero y, por consiguiente, reducen el dolor menstrual. También se ha utilizado para prevenir posibles abortos y para reducir la presión sanguínea alta.

Partes utilizadas
🌿 *Corteza.*

Usos medicinales
🌿 *Tome 20 gotas de tintura líquida dos veces al día.*

Propiedadess
🌿 *Reduce los dolores menstruales y las molestias uterinas.*
🌿 *Puede prevenir el aborto.*
🌿 *Reduce la presión sanguínea alta.*

Advertencia: No ingerir los frutos crudos puesto que son venenosos.

YUCA
Yucca gloriosa

Se ha demostrado que la saponina contenida en la yuca afecta a las toxinas absorbidas por las bacterias del estómago. Estas toxinas podrían ser las causantes de la destrucción del cartílago articular y, dado que la yuca bloquea su absorción, podría tener aplicaciones terapéuticas en el tratamiento de la artritis. El uso tradicional que los nativos americanos hacían de la planta para tratar la inflamación de las articulaciones y el reumatismo refuerza esta hipótesis.

PARTES UTILIZADAS
- *Savia.*

USOS MEDICINALES
- *Tome 2 comprimidos (100mg) de savia seca diarios.*

PROPIEDADES
- *Reduce la inflamación.*
- *Palía los síntomas del reumatismo.*
- *Puede constituir un posible remedio para la artritis.*

JENGIBRE
Zingiber officinale

EL PRINCIPIO ACTIVO del jengibre es el gingerol. Es curioso que el jengibre seco sea más potente que la raíz fresca pero parece que, al secarse, los gingeroles se dividen dando lugar a unas substancias (shogaoles) que son doblemente potentes.

El principal efecto del jengibre en el ser humano es reducir las náuseas y los mareos en los viajes. Esta planta se ha hecho también muy popular como tratamiento de los mareos propios del embarazo. En las dosis aconsejadas el jengibre es inocuo, pero un exceso puede resultar peligroso. Por otra parte, fomenta la secreción gástrica y ayuda a tratar la flatulencia.

El jengibre constituye un tratamiento tradicional para la irritación cutánea, tanto por vía interna como externa.

Su extracto eleva la temperatura corporal, lo que, en casos de catarros y gripes, desencadena la respuesta inmunitaria a la infección. El jengibre posee una poderosa acción diaforética y favorece la transpiración. También es útil para gargarismos.

Guía de hierbas

*El jengibre (*Zingiber officinale*) constituye un delicioso acompañamiento para los platos de fruta.*

PARTES UTILIZADAS
🌿 *Rizoma y aceite.*

USOS MEDICINALES
🌿 Tome 25 gotas de tintura líquida dos veces al día
🌿 Triture una lámina de raíz de jengibre fresca y añádala a una infusión.

PROPIEDADES
🌿 Actúa como remedio contra las náuseas.
🌿 Alivia los mareos del embarazo.
🌿 Reduce el catarro y la gripe.
🌿 Favorece la transpiración.
🌿 Mitiga la flatulencia.
🌿 Fomenta la respuesta inmunitaria.

USOS CULINARIOS
🌿 Añada un par de láminas de raíz de jengibre recién picadas a los salteados, al curry o al pan de jengibre para lograr un sabor más fresco, o agréguelo a los aliños.
🌿 Para preparar un aliño, añada ½ taza (50g) de azúcar y ⅔ taza (150ml) de agua en una cazuela y remueva a fuego lento hasta que el azúcar se haya disuelto. Deje cocer 1 minuto a fuego lento sin remover. Retire del fuego y añada ⅔ taza (150ml) de vino de jengibre, 2 trozos de tallo picado, la cáscara rallada y el zumo de 1½ limas. Vierta sobre la fruta y deje enfriar.

REMEDIOS

AVISO IMPORTANTE:
En cualquier caso se recomienda consultar a un médico antes de embarcarse en un programa de autotratamiento. Las hierbas medicinales son eficaces y seguras siempre y cuando se utilicen en las condiciones adecuadas. Este libro pretende ser lo más educativo, preciso e informativo posible, pero los consejos que aquí aparecen nunca deben sustituir a los de un profesional.

REMEDIOS HERBARIOS PARA NIÑOS

*La equinacia (*Echinacea purpura*) estimula el sistema inmunitario.*

Fiebre

Es importante recordar que la fiebre no siempre es nociva aunque la temperatura de los niños debe vigilarse de cerca. La temperatura media corporal es de 37°C —una temperatura inferior puede ser signo de shock o enfriamiento excesivo, causado por el baño con agua fría, o bien puede indicar que la temperatura está a punto de aumentar, probablemente hasta 39,8°C o más—. Hasta 38,8°C se considera fiebre moderada; entre 39,2 y 40,3°C o superior se considera muy alta y se recomienda atención médica inmediata.

En niños, los métodos naturales básicos acostumbran a bastar para combatir la fiebre baja o moderada. Si su hijo tiene fiebre pero no suda, intente estimular la transpiración con la ayuda de un agente sudorífico natural (conocido como diaforético). Una infusión caliente a base de saúco (*Sambucus nigra*) o a base de manzanilla (*Anthemis nobilis*) produce un efecto estimulante considerable y puede erradicar la fiebre de manera eficaz.

> ### Fórmula sudorífica
>
> Realice una decocción añadiendo 2 cucharadas (30ml) a 2¼ tazas (500ml) de agua. Beba 1 ó 2 tazas de infusión caliente (250–475ml), mientras toma un baño entre tibio y caliente.

Durante procesos febriles, es conveniente administrar dosis de equinacia (*Echinacea purpura*) a intervalos regulares para estimular el sistema inmunitario. Sus propiedades antivíricas y antibacterianas son otros factores que hacen de este extracto el más adecuado para todo tipo de enfermedades.

Trastornos gástricos y diarreas

Todo niño sufre ocasionalmente alguna infección desconocida y otras enfermedades que acostumbran a provocar diarreas agudas y dolores estomacales, acompañados con frecuencia de fiebre baja.

Otras causas de los trastornos gástricos en niños comprenden la intoxicación alimentaria, los nuevos alimentos en la dieta (a menudo con mucha materia grasa), la sobreexcitación y el miedo, las comidas frías, el exceso de comida, la exposición solar excesiva y el agotamiento mental o físico.

Para tratar la diarrea, pruebe con una tintura de diente de león (*Taraxacum officinalis*) o tormentila (*Potentilla tormentilla*). Esté muy alerta puesto que la diarrea puede llegar a ocasionar la muerte. Así pues, si el niño no mejora y sufre una deshidratación, acuda a un médico urgentemente. Para ayudarle a recobrar el apetito a medida que el trastorno gástrico mejora, pruebe con una dosis de centaura (*Centaurium erythraea*).

> **Fórmula de rehidratación**
>
> Cueza 1 taza escasa (200ml) de agua y, mientras se enfría, añada 1 cucharadita (5ml) de azúcar, un generoso puñado de bicarbonato sódico y un pellizco de sal. Remueva hasta que los ingredientes se hayan disuelto y, cuando la mezcla esté fría, désela a beber al niño.

Enfermedades infantiles comunes

Varicela La varicela es una de las enfermedades más contagiosas que se conocen hoy en día.

Para los síntomas de la irritación cutánea, aplique un ungüento de áloe (*Aloe barbadensis*) o una loción de manzanilla (*Anthemis nobilis*). Tomar una infusión de milenrama (*Achillea millefolium*), manzanilla (*Anthemis nobilis*) o sello de oro (*Hydrastis canadensis*) también puede ser beneficioso. Siempre es conveniente una tintura de equinacia (*Echinacea purpura*).

Resfriado común No existe cura para el resfriado común pero, con la ayuda de principios naturopáticos, pueden controlarse muchos de sus síntomas y, con suerte, podrá evitar que su hijo coja resfriados periódicamente. Es esencial tomar una dosis diaria de equinacia, junto con alimentos ricos en vitamina C. Si su hijo es reacio a las frutas y vegetales, son aconsejables los complejos vitamínicos. Si el catarro persiste, pruebe con la infusión de salvia y, para la mucosidad excesiva, puede ser eficaz una infusión de fenogreco (*Trigonella foenum-graecum*) o jengibre (*Zingiber offinale*).

Una infusión de jengibre, hinojo y miel es el remedio ideal para combatir el resfriado.

Las tinturas de sello de oro (*Hydrastis canadensis*) durante el periodo infeccioso ayudan a combatir la infección.

Sarampión Utilice tinturas de milenrama (*Achillea millefolium*) y equinacia (*Echinacea purpura*) como medidas de refuerzo naturales. Una infusión de milenrama, con unas gotitas de tintura de equinacia, puede resultar muy beneficiosa. Para estimular el apetito cuando la enfermedad empieza a remitir, pruebe con una tintura de agracejo (*Berberis vulgaris*).

Paperas Dado que no existe un tratamiento específico para las paperas, deben adoptarse medidas naturopáticas generales. Las glándulas vuelven a su estado normal en 10 días.

Eccema y psoriasis

Curiosamente el eccema y la psoriasis comparten algunos factores clave. Ambas afecciones cutáneas se ven agravadas por el estrés y la ansiedad. Se desconoce el motivo que causa este hecho pero se sabe que el estrés aumenta los niveles de ciertas hormonas que estimulan la circulación cutánea, lo cual provoca la inflamación de aquellas zonas que ya muestran signos de irritación. El segundo factor común reside en el deficiente metabolismo de los ácidos grasos esenciales y el de los micronutrientes, como el selenio y el zinc.

La irritación puede asociarse a un desequilibrio de las substancias químicas inflamatorias, como las histaminas, y a la escamación cutánea. Los lunares en la piel aparecen debido a una producción excesiva de capas cutáneas profundas que se desplazan rápidamente a la superficie. Desafortunadamente, hoy en día se desconocen los mecanismos que desencadenan tales cambios. Hay quien afirma que una alergia a los alimentos o el contacto con substancias químicas pueden provocarlos y, en el caso de algunos pacientes, así sucede. Sin embargo, en la mayoría de casos existe también un desequilibrio nutritivo. El selenio y el zinc, así como otros micronutrientes, son necesarios para el correcto desarrollo de las células cutáneas. Una dosis diaria correctiva de zinc y selenio durante un mes, seguida de una dosis inferior de estos minerales durante otro mes aproximadamente, debería reequilibrar la situación.

La mejor manera de tratar la inflamación cutánea es optimizando el metabolismo de los ácidos grasos. Existen muchos ácidos grasos esenciales, pero el más importante para la piel es el ácido gammalinoleico (GLA) y los aceites omega 3 y 6.

Derivado de las semillas de borraja (*Borago officinalis*) y de hierba del asno (*Oenothera biennis*), el GLA es probablemente el más conocido de los ácidos grasos esenciales. La única fuente natural de GLA es la leche materna, lo que podría explicar la relación entre el eccema y los niños alimentados con biberón. Los aceites omega 3 y 6 se encuentran en el pescado y los aceites de pescado, la linaza, las algas marinas y la carne de mamíferos marinos como la foca y la ballena. El aceite de linaza (*Linum usitatissimum*) contiene GLA y aceites omega 3 y 6.

Una interesante hierba conocida como *Plectranthus barbatus* o *Coleus forskohlii* se ha revelado como un gran remedio para la psoriasis. El mejor modo de tomarla es mediante comprimidos o cápsulas de extracto seco.

Remedios

Asma y fiebre del heno

Desafortunadamente estas dos afecciones parecen ir de la mano. Ambas tienen su origen en alergias, generalmente provocadas por inhalación, aunque pueden haber otros factores agravantes, como la sensibilidad a ciertos alimentos.

Una dieta de eliminación es el mejor camino a seguir para investigar las alergias alimentarias. No obstante, este método debe aplicarse bajo supervisión médica para asegurarse de que se mantiene una dieta equilibrada durante las pruebas.

Remedios herbarios como la tercianaria (*Scutellaria baicalensis*), el regaliz (*Glycyrrhiza glabra*), el ajo (*Allium sativum*) y la angélica (*Angelica archangelica*) acostumbran a utilizarse para tratar el asma y la fiebre del heno infantiles.

Tercianaria (Scutellaria baicalensis).

Ajo (*Allium sativum*) El ajo tiene la capacidad de detener la actividad de una enzima especial (la lipoxigenasa). Esta enzima activa una parte importante de la respuesta inflamatoria, lo cual se puede evitar con la aplicación de extracto de ajo.

Angélica (*Angelica archangelica*) La angélica es especialmente eficaz para personas alérgicas al polen, al polvo y al pelo de los animales. Estos alergenos son, en gran medida, causantes de los síntomas de la fiebre del heno y el asma.

Regaliz (*Glycyrrhiza glabra*) El regaliz posee una acción antiinflamatoria y antialérgica, muy similar a la de la cortisona. Los esteroides se emplean a menudo para el tratamiento del asma a largo plazo. El extracto de regaliz no presenta los efectos secundarios de los esteroides y sí muchos de sus efectos beneficiosos. La inflamación provocada por el asma también puede tratarse con la ayuda de este extracto.

Tercianaria (*Scutellaria baicalensis*) Esta planta se ha utilizado durante años por sus propiedades antiinflamatorias para tratar la artritis. Contiene flavonoides que actúan de modo similar a los fármacos contra el asma.

Problemas comunes y sus remedios

CÓLICOS
- Extracto de eneldo
  (*Anethum graveolens*)
- Agua de hinojo
  (*Foeniculum vulgare*)
- Tintura de jengibre
  (*Zingiber officinale*)
- Tintura de clavo
  (*Syzygium aromaticum*)

CONGESTIÓN NASAL
- Infusión de hisopo
  (*Hyssopus officinalis*)
- Tintura de hisopo
  (*Hyssopus officinalis*)
- Tintura de sello de oro
  (*Hydrastis canadensis*)
- Extracto de ajo
  (*Allium sativum*)

COSTRA LÁCTEA
- Tintura de bardana
  (*Arctium lappa*)
- Tintura de ortiga
  (*Urtica dioica*)
- Tintura de diente de león
  (*Taraxacum officinale*)
- Ungüento de llantén mayor
  (*Plantago major*)
- Aceite de oliva
  (*Olea europaea*)

DENTICIÓN
- Tintura de manzanilla
  (*Anthemis nobilis*)
- Jarabe de malvavisco
  (*Althea officinalis*)

DOLOR DE GARGANTA
- Tintura de malvavisco
  (*Althaea officinalis*)
- Tintura de llantén mayor
  (*Plantago major*)
- Tintura de saúco
  (*Sambucus nigra*)
- Tintura de equinacia
  (*Echinacea purpura*)

DOLOR DE OÍDO
- Tintura de lúpulo
  (*Humulus lupulus*)
- Tintura de hipérico
  (*Hypericum perforatum*)
- Tintura de sello de oro
  (*Hydrastis canadensis*)
- Tintura de equinacia
  (*Echinacea purpura*)
- Tintura de llantén mayor
  (*Plantago major*)

ESTREÑIMIENTO
- Extracto de regaliz
  (*Glycyrrhiza glabra*)
- Tintura de agracejo
  (*Berberis vulgaris*)

RESFRIADO
- Jarabe de saúco
  (*Sambucus nigra*)
- Tintura de llantén mayor
  (*Plantago major*)
- Infusión de malvavisco
  (*Althaea officinalis*)

RESFRIADO CON FLEMA
- Tintura de equinacia
  (*Echinacea purpura*)
- Infusión de jengibre (*Zingiber officinale*) e hinojo (*Foeniculum vulgare*) con miel

SARPULLIDO
- Crema de aceite de ricino y zinc
- Ungüento de caléndula
  (*Calendula officinalis*)

TRASTORNOS DEL SUEÑO
- Tintura de melisa
  (*Melissa officinalis*)
- Infusión de melisa
  (*Melissa officinalis*)
- Tintura de valeriana
  (*Valeriana officinalis*)
- Tintura de lúpulo
  (*Humulus lupulus*)

REMEDIOS HERBARIOS PARA JÓVENES Y ADULTOS

Síndrome premenstrual

La tensión es probablemente uno de los síntomas más comunes que presentan las mujeres con alguna disfunción menstrual y se calcula que el 75% de las mujeres sufren alguna forma de ansiedad premenstrual. Otros síntomas como el apetito, el aumento de peso y la depresión también se manifiestan en distintos grados. Para combatir este síndrome existen numerosos métodos naturales y seguros que carecen de efectos secundarios.

La ansiedad suele deberse a un desequilibrio hormonal: a saber, nivel de progesterona bajo y de estrógenos alto. La elevada concentración de estrógenos produce un efecto de bloqueo de la vitamina B_6, inhibiendo la producción de somatomedina por el hígado y alterando la capacidad para equilibrar los niveles de azúcar. Este aumento y disminución de azúcar es en parte responsable de los cambios del estado anímico.

El extracto herbario de raíz de diente de león (*Taraxacum officinalis*) contiene una substancia vegetal llamada inulina —no debe confundirse con la insulina— que equilibra los niveles de glucosa sanguíneos. Junto con el cromo, regula la fluctuación de glucosa propia de los problemas premenstruales.

Cerca de un 30% de las mujeres que padecen el síndrome premenstrual sufren depresión. Esto podría ser efecto de una disfunción de la substancia química cerebral llamada serotonina o de otras substancias del cerebro. Se desconoce la causa precisa pero al parecer existe una relación con los niveles de estrógenos. El extracto de hipérico (*Hypericum perforatum*) es muy eficaz para combatir este tipo de depresión, ya que en un estudio —en que se estandarizó el principio activo denominado hipericina— se observó que más del 65% de las pacientes tratadas con extracto de hipérico experimentaron una notable mejoría.

La mujer suele ganar cerca de 1,5 kg de peso a causa principalmente de la retención de líquidos. La hormona culpable es la aldosterona, que aparece en exceso en la fase premenstrual del ciclo, vinculada de nuevo al desequilibrio de estrógenos. Tomar una dosis de gayuba (*Arctostaphylos uva-ursi*) durante la ovulación (día 14 del ciclo) hace aumentar el flujo de orina y reduce la retención de líquidos.

*Gayuba (*Arctostaphylos uva-ursi*).*

Consejos prácticos Incluya en su dieta hidratos de carbono complejos, tales como la pasta, las patatas y el arroz y reduzca las grasas animales. Es conveniente comer hortalizas y fruta.

Los ácidos grasos esenciales que contiene el aceite de la hierba del asno alivian los dolores menstruales y contribuyen a equilibrar los niveles hormonales. Es aconsejable tomar una dosis de 500–1.000mg con agua antes de acostarse.

Substancias como el extracto de matricaria (*Tanacetum parthenium*) inhiben la producción de prostaglandinas, lo que favorece a quienes sufren molestias menstruales.

Cistitis

La cistitis es una afección muy común. La mayoría de casos se deben a una infección que se desplaza de la vagina a la vejiga y a menudo se manifiesta tras una relación sexual, cuando la infección se reintroduce en la vejiga.

En el caso de los hombres, la causa de la cistitis es una infección que llega hasta la vejiga partiendo de la uretra o de la próstata, la cual puede albergar una infección bacteriana.
Los síntomas más comunes tanto en hombres como en mujeres son el dolor y la incontinencia (una necesidad constante de evacuar orina). Si la orina va acompañada de sangre, es signo de que la infección de la vejiga reviste gravedad. Es importante recordar que la infección puede llegar a afectar los riñones, lo cual requiere atención médica inmediata.

Tres pasos para tratar la cistitis

Prácticamente todo el mundo puede llevar a cabo un tratamiento para la cistitis con éxito siguiendo los pasos siguientes.

Paso 1 Beba mucho líquido. Poca gente bebe el agua suficiente como para mantenerse hidratada. Diariamente perdemos cerca de 6¼ tazas (1,5 litros) de agua mediante la respiración, el sudor, la orina y los excrementos. Por lo tanto, para mantener el equilibrio se debería beber la misma cantidad diaria. Esta medida no tiene en cuenta otros factores como el nivel de actividad, el tipo de complexión, la temperatura, el consumo de alimentos, el nivel de estrés, etc. Como norma, se aconseja tomar 8 tazas (2 litros) de agua, preferiblemente embotellada.

Paso 2 Trate de hallar o, aún mejor, prepare un zumo de arándano agrio (*Vaccinium macrocarpon*) y beba 2 tazas (475ml) diarias. También puede utilizar cápsulas y polvos de arándano agrio. Tome una dosis de 2 cucharaditas (10ml) de polvos por la mañana y por la noche, o bien 2 cápsulas dos veces al día. Si no logra obtener zumo de arándano agrio, tome los polvos o las cápsulas. Aumentar el consumo de azúcar tan sólo favorecerá el crecimiento de bacterias en la vejiga.

Paso 3 Mejore su salud general y potencie su inmunidad. Siga una dieta equilibrada. El extracto de equinacia (*Echinacea purpura*) eleva la actividad de los glóbulos blancos y estimula la respuesta inmunitaria. Tome de 25 a 30 gotas de extracto líquido o 2 cápsulas dos veces al día.

Síndrome del intestino irritable

Se calcula que más de la mitad de los problemas abdominales se diagnostican como síndrome del intestino irritable. Dado que se trata de una afección muy común, cabría pensar que existe una cura sencilla; sin embargo, es necesario adoptar una visión holística de la salud a fin de elaborar un programa de tratamiento individual. Todos los pacientes muestran síntomas similares, pero pueden presentar factores agravantes distintos, desde la alergia a ciertos alimentos hasta el estrés.

Una teoría generalizada sugiere que existe un desequilibrio en el sistema nervioso. Una división especializada de este sistema (el sistema nervioso autónomo) controla el funcionamiento del organismo, como el latido cardiaco, y juega un importante papel en la actividad coordinada del sistema digestivo. El estómago y los intestinos digieren los alimentos, absorben agua y nutrientes, eliminan las bacterias y recogen la materia residual durante las 24 horas. Esta actividad se ha de controlar a nivel subconsciente para que el cerebro pueda realizar otras funciones.

En épocas de estrés, nuestro cuerpo pone en marcha el mecanismo de "combate o huye". Durante estos periodos nos preparamos biológicamente para combatir el peligro o huir de él liberando adrenalina y estimulando la actividad nerviosa. El intestino no puede contraerse y moverse normalmente y son síntomas comunes los calambres, el dolor y la hinchazón abdominales, la fatiga, sucesivos periodos de estreñimiento y diarrea, mucosidad en los excrementos, flatulencia y náuseas. El dolor asociado al síndrome, atribuido también a ciertos alimentos, suele aliviarse al defecar.

Es importante consultar a un médico cuando se experimentan síntomas intestinales, ya que otras afecciones como la intolerancia a la lactosa, la celíaca, la enfermedad diverticular y el cáncer intestinal se pueden asemejar a este síndrome. Estas afecciones presentan síntomas característicos que deben ser descartados antes de diagnosticar el síndrome.

El síndrome del intestino irritable requiere un programa de tratamiento individual pero es posible aliviarlo.

Fibra dietética Incrementar la ingestión de fibra dietética soluble a base de verdura, fruta, salvado de avena, judías y cereales puede resultar beneficioso. Sin embargo, esto debe realizarse paulatinamente ya que el intestino que sufre este síndrome suele ser hiperactivo y podría responder desfavorablemente a una dosis inhabitual de fibra.

Espasmos intestinales El uso de las cápsulas de aceite de menta piperita (*Mentha piperita*) contribuye al control sintomático de los espasmos intestinales. El aceite de menta piperita produce un efecto relajante en el músculo liso que forma las paredes intestinales. Las cápsulas recubiertas pasan a través del estómago sin ser digeridas y se abren en el intestino grueso. Es aconsejable tomar dosis de 2 ó 3 cápsulas de 0,2ml entre comidas.

Otros agentes antiespasmódicos son la valeriana (*Valeriana officinalis*), el romero (*Rosmarinus officinalis*), la manzanilla (*Anthemis nobilis*) y la melisa (*Melissa officinalis*).

Diarrea Cuando los síntomas principales son la diarrea y la irritación, se continúa aplicando un antiguo preparado llamado fórmula de Robert, que combina raíz de malvavisco (*Althaea officinalis*), extracto de col (*Brassica oleracea*), equinacia (*Echinacea purpura*), sello de oro (*Hydrastis canadensis*), quingombó (*Hibiscus esculentis*) y olmo rojo americano (*Ulmus fulva*). Se pueden adquirir preparados modernos de la fórmula de Robert en cápsulas; tome una o dos entre comidas.

Náuseas Las náuseas se pueden mitigar con jengibre (*Zingiber officinale*). A través de estudios se ha demostrado la eficacia del jengibre para

---

Ingredientes de la fórmula de Robert

Extracto de col
(*Brassica oleracea*) 100mg

Raíz de malvavisco
(*Althaea officinalis*) 100mg

Quingombó
(*Hibiscus esculentis*) 75mg

Olmo rojo americano
(*Ulma fulva*) 75mg

Equinacia
(*Echinacea purpura*) 25mg

Sello de oro
(*Hydrastis canadensis*) 25mg

las náuseas y los mareos en los viajes. El jengibre, ya sea como un ingrediente más o como suplemento dietético, no perjudica los intestinos sensibles, calma la naturaleza espástica del intestino irritable y reduce las náuseas.

Aspectos psicológicos Finalmente deben tenerse en cuenta los aspectos psicológicos del síndrome del intestino irritable, como la fatiga, la ansiedad, la depresión, los sentimientos de hostilidad y los trastornos del sueño. Estos problemas requieren atención y se pueden superar con el tratamiento adecuado.

Problemas comunes y sus remedios

ACNÉ
- Tintura de equinacia (*Echinacea purpura*)
- Tintura de sello de oro (*Hydrastis canadensis*)
- Tintura de diente de león (*Taraxacum officinalis*)

CANDIDIASIS
(Infección de la levadura)
- Tintura de sello de oro (*Hydrastis canadensis*)
- Tintura de equinacia (*Echinacea purpura*)
- Extracto de ajo (*Allium sativum*)

ENTERITIS
- Extracto de raíz de malvavisco (*Althaea officinalis*)
- Extracto de col (*Brassica oleracea*)
- Tintura de equinacia (*Echinacea purpura*)
- Tintura de sello de oro (*Hydrastis canadensis*)
- Extracto de olmo rojo americano (*Ulmus fulva*)

FATIGA CRÓNICA
- Tintura de equinacia (*Echinacea purpura*)
- Tintura de sello de oro (*Hydrastis canadensis*)
- Extracto de raíz de regaliz (*Glycyrrhiza glabra*)
- Extracto de ginseng (como medida temporal) (*Panax ginseng* o *Eleutherococcus senticosus*)

HIPERTENSIÓN
- Extracto de ajo (*Allium sativum*)
- Tintura de baya de espino (*Crataegus oxyacantha*)
- Tintura de muérdago (*Viscum album*)

LESIONES DEPORTIVAS
- Extracto de cúrcuma (*Curcuma longa*)
- Ungüento de olmo escocés (*Hamamelis virginiana*)

MIGRAÑA
- Tintura de valeriana (*Valeriana officinalis*)
- Tintura o extracto de matricaria (*Tanacetum pathenium*)

OBESIDAD
- Infusión de diente de león (*Taraxacum officinalis*)

SINUSITIS
- Tintura de equinacia (*Echinacea purpura*)
- Tintura de sello de oro (*Hydrastis canadensis*)

REMEDIOS PARA MUJERES EMBARAZADAS Y MADRES LACTANTES

ADVERTENCIA: La mujer embarazada siempre debe consultar con su médico antes de tomar preparados herbarios.

Náuseas matutinas

Se han intentado explicar las náuseas de muchas maneras pero su desencadenante es todavía un misterio.

Las infusiones de hinojo (*Foeniculum vulgare*), menta piperita (*Mentha piperita*) o jengibre (*Zingiber officinale*) pueden aliviar sus síntomas. Tomar una taza de infusión de manzanilla (*Anthemis nobilis*), de melisa (*Melissa officinalis*) o de lúpulo (*Humulus lupulus*) le ayudará a dormir apaciblemente. Se había dicho que el jengibre podía ser tóxico durante el embarazo pero se ha comprobado que la toma mediante infusión no es peligrosa. El problema puede surgir cuando se toman extractos concentrados múltiples en forma de cápsulas o comprimidos.

Problemas emocionales

Durante el embarazo son habituales los cambios de humor y el desequilibrio emocional. Es importante relajarse y tomar baños calientes utilizando unas gotitas de aceites esenciales. Los aceites de lavanda (*Lavandula officinalis*) y manzanilla (*Anthemis nobilis*) pueden resultar muy relajantes. Una tintura de romero (*Rosmarinus officinalis*) también puede ser útil.

Acidez

A medida que crece, el bebé ocupa un mayor espacio en la parte inferior del abdomen, lo que empuja al estómago hacia arriba, perdiéndose en ocasiones algo de su contenido que va a parar a la parte inferior del esófago y provoca acidez. Es esencial prestar atención a la dieta y tomar digestivos como el eneldo *(Anethum graveolens)* o la alcaravea *(Carum carvi)*, que pueden mascarse o tomarse como infusión durante o entre comidas. La corteza en polvo del olmo rojo americano *(Ulmus fulva)* puede aliviar la irritación causada por la acidez gástrica.

Varices y hemorroides

Para prevenirlas deberá incluir ajo *(Allium sativum)* en sus comidas diarias a fin de mantener la circulación sana. También puede tomar infusiones de diente de león *(Taraxacum officinalis)* o a base de extractos de hipérico *(Hypericum perforatum)* dos o tres veces al día.

Para fortalecer las paredes de los vasos sanguíneos, beba infusión de jengibre fresco *(Zingiber officinale)*. Si tiene la piel irritada, prepare una compresa de consuelda *(Symphytum officinale)*, malvavisco *(Althaea officinalis)* y llantén mayor *(Plantago major)*, y como tratamiento intensivo de las hemorroides, aplique directamente una crema de consuelda.

Lactancia

Los remedios para fomentar el flujo de la leche materna se han utilizado durante siglos y dan resultado. Las infusiones de cardo mariano *(Silybum marianum)*, ortiga *(Urtica dioica)*, fenogreco *(Trigonella foenum-graecum)* y lúpulo *(Humulus lupulus)* son todas ellas inocuas durante ese periodo. Estas hierbas pueden también reducir el riesgo de cólicos en el bebé.

Mastitis

Si se detecta a tiempo, esta afección puede curarse sin recurrir a los antibióticos. Tan pronto como se sospeche, exprima la leche con la mano o con un sacaleches, y tome una dosis de aceite de linaza *(Linum usitatissimum)*, de 1 a 3 cucharadas (15–45ml) diarias. Si en 48 horas no mejora, consulte a su médico.

Pezones doloridos

La aplicación de crema de consuelda *(Symphytum officinale)* ha sido cuestionada por quienes creen que es peligroso que el

Remedios

Hierbas nocivas durante el embarazo

Milenrama
(Achillea millefolium)
Angélica
(Angelica archangelica)
Manzanilla
(Anthemis nobilis)
Apio
(Apium graveolens)
Gayuba
(Arctostaphylos uva-ursi)
Árnica
(Arnica montana)
Ajenjo
(Artemisia absinthium)
Abrótano
(Artemisia abrotanum)
Caléndula
(Calendula officinalis)
Gotu kola
(Centella asiatica)
Cimicífuga
(Cimicifuga racemosa)
Mirra
(Commiphora molmol)
Eufrasia
(Euphrasia officinalis)
Hinojo
(Foeniculum vulgare)
Regaliz
(Glycyrrhiza glabra)
Sello de oro
(Hydrastis canadensis)
Hisopo
(Hyssopus officinalis)

Enebro
(Juniperus communis)
Harpagófito
(Martynia annua)
Nuez moscada
(Myristica fragrans)
Poleo
(Mentha pulegium)
Mejorana
(Origanum majorana)
Perejil
(Petroselinum crispum)
Hierba carmín
(Phytolacca americana)
Hojas de frambueso
(Rubus idaeus)
Ruda
(Ruta graveolens)
Salvia
(Salvia officinalis)
Amaro
(Salvia sclarea)
Matricaria
(Tanacetum parthenium)
Tanaceto
(Tanacetum vulgare)
Tuya
(Thuja occidentalis)
Tomillo
(Thymus vulgaris)
Verbena
(Verbena officinalis)

bebé ingiera crema del pezón accidentalmente. Teniendo en cuenta su larga historia y que no se han observado reacciones tóxicas, el riesgo es mínimo. De todos modos, si no desea emplear esta crema, use una de milenrama *(Achillea millefolium)*. No utilice milenrama si está embarazada.

REMEDIOS HERBARIOS PARA LOS SÍNTOMAS DE LA MENOPAUSIA

Se calcula que un 75% de las mujeres sufren molestos síntomas menopáusicos debido a la disminución del nivel hormonal. En la mayoría de casos, estos síntomas suelen tener una duración limitada de dos o tres años pero, a veces, pueden persistir más de cinco, convirtiéndose en una pesada carga para la mujer.

Los síntomas de la menopausia suelen manifestarse hacia los 50 años de edad, a menos que la cirugía (histerectomía) los haga aparecer prematuramente. Durante este periodo de transición, la menstruación se vuelve irregular hasta que desaparece por completo. La menopausia es una fase normal y natural en la vida de la mujer y para muchas puede anunciar el inicio de una etapa especial. Dado que los hijos ya son mayores, la mujer puede dedicarse a sí misma, siempre y cuando su estado sea saludable.

El humor puede variar y la persona tiende a volverse olvidadiza. Los hábitos de sueño también pueden cambiar, sobre todo a causa de los sudores nocturnos. Otros síntomas son los sofocos, el anquilosamiento articular, la sequedad vaginal, la pérdida de interés sexual, la ansiedad, las infecciones recurrentes de las vías urinarias, los cambios en la calidad del pelo, las uñas y la piel, y la pérdida de autoestima.

Muchos de estos problemas se solucionan transcurrido algún tiempo, pero otras afecciones, como la osteoporosis y los efectos de una enfermedad cardiaca y del colesterol elevado, pueden no aparecer hasta que ya se ha producido el daño.

Cuide su dieta y utilice unos extractos de plantas muy interesantes que producen una acción fitoestrogénica en el organismo —una acción similar a la del estrógeno pero extraída de una planta—. Los alimentos de alto contenido natural en fitoestrógenos son la soja, el hinojo (*Foeniculum vulgare*), el apio (*Apium graveolens*), el perejil (*Petroselinum crispum*), el aceite de linaza (*Linum usitatissimum*), las nueces y las semillas. Dada esta acción alternativa, estos extractos herbarios se suelen prescribir en situaciones de exceso de hormonas (síndrome premenstrual) o de déficit hormonal (menopausia).

Un suplemento de vitaminas E y C puede ser de gran ayuda. El tratamiento comparativo con un placebo ha demostrado que la vitamina E mitiga los sofocos y los problemas vaginales. La medicina popular tradicional ha utilizado muchas hierbas como tónicos uterinos, destinados a aliviar los síntomas menopáusicos. El ejemplo clásico es la cimicífuga *(Cimicifuga racemosa)*, aunque el regaliz *(Glycyrrhiza glabra)*, el sauzgatillo *(Vitex agnus-castus)* y el ginseng *(Panax ginseng)* también se consideran plantas beneficiosas.

*Regaliz (*Glycyrrhiza glabra*).*

El uso de la cimicífuga se remonta a la época en que los nativos americanos la utilizaban como remedio para los dolores menstruales y los síntomas menopáusicos. Los estudios realizados establecen que la planta produce un efecto similar al del estrógeno que equilibra los niveles hormonales.

Históricamente el regaliz se ha empleado para los trastornos femeninos, una aplicación que ahora cuenta con una base científica al confirmarse su actividad estrogénica.

El *Panax ginseng* (o ginseng coreano) se consideraba un "tónico" masculino hasta que se demostró su actividad estrogénica. Esta acción puede ser tan potente que una dosis elevada de extracto puede provocar hemorragias postmenopáusicas.

Use una de las siguientes fórmulas como parte de un programa de tratamiento natural diario.

Fórmulas para la menopausia

Fórmula 1

Extracto de regaliz
(Glycyrrhiza glabra) 25mg
Cimicífuga
(Cimicifuga racemosa) 25mg
Extracto de sauzgatillo
(Vitex agnus-castus) 25mg
Extracto de semilla de hinojo
(Foeniculum vulgare) 12mg

Fórmula 2

Vitamina E 150 IU
Aceite de linaza
(*Linum usitatissimum*) 300mg
Gammaorizanol 100mg

REMEDIOS HERBARIOS PARA LOS ANCIANOS

Artritis

Existen mucho tipos de artritis; algunos provocan graves inflamaciones y deformaciones articulares, mientras que otros causan dolor crónico, anquilosamiento y grados de deformación menos acusados. La osteoartritis es el tipo de afección articular más común y consiste en una degeneración por la cual el recubrimiento liso de las articulaciones pierde su capacidad de producir movimiento sin fricción. El cartílago empieza a desarrollar áreas erosionadas que actúan como focos para una mayor erosión y pronto una pequeña zona de degeneración se convierte en otra mucho mayor. Los signos visibles de la artritis son un engrosamiento del tejido y la aparición de nódulos alrededor de los extremos de la articulación.

> **Infusión de hierba de oro (hierba seca)**
>
> 40% Vara de oro (*Solidago virgaurea*)
> 30% *Betula pendula*
> 15% Centinodia (*Polygonum aviculare*)
> 10% Cola de caballo (*Equisetum arvense*)
> 5% Pensamiento (*Viola tricolor*)

Las hierbas diuréticas pueden contribuir a eliminar las substancias tóxicas como el ácido úrico aumentando el flujo de orina. Las dos fórmulas que se detallan a continuación actúan de modo inocuo y eficaz sobre los riñones, y es preferible combinarlas con una infusión herbaria llamada hierba de oro.

Fórmulas para la artritis

Fórmula 1 (tintura)
50% Vara de oro
(Solidago virgaurea)
14% Argentina
(Potentilla anserina)
13% Abedul
(Betula pendula)
5% *Ononis spinosa*
5% Pensamiento
(Viola tricolor)
5% *Polygonum aviculare*
4% Cola de caballo
(Equisetum arvense)
4% Enebro
(Juniperus communis)

**Fórmula 2
(extractos sólidos)**
Gayuba
(Arctostaphylos uva-ursi) 100mg
Lespedeza capitatae 50mg
Boldo
(Peumus boldo) 50mg
Vara de oro
(Solidago virgaurea) 50mg

Las tinturas a base de combinaciones herbarias pueden ser un remedio eficaz para contribuir al proceso de eliminación y a la reducción de la inflamación.

El masaje de un terapeuta cualificado puede proporcionar un gran alivio si se efectúa sobre los músculos que rodean la articulación afectada. El masaje estimula la circulación, contribuye al drenaje de los fluidos de los tejidos y favorece la liberación de substancias curativas. La aromaterapia también puede ser de gran utilidad; los aceites de eucalipto *(Eucalyptus globulus)*, jengibre *(Zingiber officinale)*, lavanda *(Lavandula officinalis)* y romero *(Rosmarinus officinalis)* son aceites aromaterapéuticos adecuados para la artritis.

Una selección de aceites para masajes.

Problemas comunes y sus remedios

Es aconsejable consultar a un médico antes de embarcarse en un programa de autotratamiento.

ANGINA DE PECHO
- Tintura o cápsulas de espino (*Crataegus oxyacantha*)

ATEROSCLEROSIS
- Extracto de ajo (*Allium sativum*)
- Extracto de alfalfa (*Medicago sativa*)
- Tintura o cápsulas de jengibre (*Zingiber officinale*)

BRONQUITIS
- Extracto de regaliz (*Glycyrrhiza glabra*)
- Tintura de equinacia (*Echinacea purpura*)
- Extracto de ajo (*Allium sativum*)

DIABETES
- Extracto de áloe (*Aloe barbadensis*)
- Extracto de arándano silvestre (*Vaccinium myrtillus*)
- Extracto de fenogreco (*Trigonella foenum-graecum*)
- Extracto de ajo (*Allium sativum*)
- Tintura o cápsulas de ginkgo (*Ginkgo biloba*)
- Tintura de bardana (*Arctium lappa*)
- Tintura de diente de león (*Taraxacum officinalis*)
- Tintura de alcachofa (*Cynara scolymus*)

ENFERMEDAD DE ALZHEIMER
- Tintura o cápsulas de ginkgo (*Ginkgo biloba*)

GLAUCOMA
- Tintura o cápsulas de ginkgo (*Gingko biloba*)

PROSTATITIS
- Tintura de ortiga (*Urtica dioica*)

VARICES
- Extracto de arándano silvestre (*Vaccinium myrtillus*)
- Tintura o cápsulas de ginkgo (*Ginkgo biloba*)
- Tintura de castaño de Indias (*Aesculus hippocastanum*)
- Tintura de espino (*Crataegus oxyacantha*)

Tintura herbaria

15% *Polygonum aviculare*
15% Vara de oro *(Solidago virgaurea)*
10% Sombrerera *(Petasites hybridus)*
10% Argentina *(Potentilla anserina)*
10% Milenrama *(Achillea millefolium)*

10% Abedul *(Betula pendula y folium)*
10% Muérdago *(Viscum alba)*
10% Cola de caballo *(Equisetum arvense)*
5% *Colchicum autumnale*
5% Menta *(Mentha piperita)*

REMEDIOS HERBARIOS PARA EL ESTRÉS

Herpes labial

No existe síntoma más evidente del estrés que una erupción de herpes labial. Cuando el sistema inmunitario se debilita, hay algunas enfermedades como el herpes simple que aprovechan para hacer su aparición.

La melisa *(Melissa officinalis)* se conoce como hierba medicinal desde hace más de 2.000 años. Durante la década de los 60, numerosos estudios demostraron que el extracto seco poseía acción antivírica. Para que la crema de melisa sea eficaz, ha de iniciarse la terapia en el curso de las ocho horas posteriores a la aparición de los síntomas. Por otra parte, debe estar muy concentrada y contener un extracto de melisa del 70:1 con un 1% de alantoína.

Problemas comunes y sus remedios

AGOTAMIENTO
- Tintura de avena (*Avena sativa*)
- Extracto de ginseng siberiano (*Eleutherococcus senticosus*)

CEFALALGIA
- Tintura de valeriana (*Valeriana officinalis*)
- Extracto de sombrerera (*Petasites hybridus*)

FALTA DE MEMORIA
- Tintura o cápsulas de ginkgo (*Ginkgo biloba*)

FATIGA
- Tintura o comprimidos de hisopo (*Hyssopus officinalis*)
- Extracto de ginseng siberiano (*Eleutherococcus senticosus*)

INSOMNIO
- Tintura de pasionaria (*Passiflora incarnata*)
- Tintura o cápsulas de valeriana (*Valeriana officinalis*)

IRRITABILIDAD
- Tinctura de avena (*Avena sativa*)
- Tinctura de melisa (*Melissa officinalis*)
- Tintura de lúpulo (*Humulus lupulus*)
- Tintura de valeriana (*Valeriana officinalis*)
- Tintura de pasionaria (*Passiflora incarnata*)

MIGRAÑA
- Extracto de sombrerera (*Petasites hybridus*)
- Tintura de melisa (*Melissa officinalis*)

PALPITACIONES
- Tintura de espino (*Crataegus oxyacantha*)
- Tintura de pasionaria (*Passiflora incarnata*)

PRESIÓN SANGUÍNEA ALTA
- Tintura de muérdago (*Viscum album*)
- Extracto de ajo (*Allium sativum*)

REMEDIOS HERBARIOS PARA PROBLEMAS EMOCIONALES

*Hipérico (*Hypericum perforatum*).*

Depresión

Se calcula que una de cada cuatro personas experimenta cierto grado de depresión en algún momento de su vida y que el riesgo de sufrirla es ligeramente más elevado en mujeres que en hombres. La bioquímica del estado anímico y los trastornos anímicos es compleja pero se sabe que muchos factores nutricionales y ambientales desempeñan un papel esencial en la salud psicológica. No se ha identificado ningún factor que por sí solo constituya la causa de la depresión.

Una substancia herbaria que parece ser capaz de combatir la depresión es el hipérico (*Hypericum perforatum*), una planta arbustiva originaria de Europa, cuyas propiedades medicinales se han utilizado durante siglos. En Alemania se han llevado a

cabo estudios que han demostrado que su principio activo
(la hipericina) altera la química cerebral y mejora el estado anímico. Al parecer, la hipericina aumenta la producción cerebral de dopamina, un efecto similar al que producen muchos medicamentos que se prescriben para la depresión. Otros estudios muestran que un extracto estandarizado de hipérico es más eficaz que la prescripción de antidepresivos como la amitriptilina, de efectos secundarios importantes. Además, el uso de hipérico no conlleva ningún efecto secundario significativo.

La dosis de hipérico que se administró en estos estudios era de 300mg (con un 0,125% de hipericina). Los preparados de hipérico están disponibles en forma de cápsulas de 300mg (estandarizadas para contener un 0,3% de hipericina) y debería tomarse en dosis de 2 ó 3 cápsulas diarias.

Otras hierbas adecuadas para esta enfermedad son el ginkgo *(Ginkgo biloba)* y el ginseng *(Eleutherococcus senticosus)*.

Problemas comunes y sus remedios

Ansiedad
🌱 Extracto de kava kava (*Piper methysticum*), el necesario
🌱 Extracto de ginseng coreano (*Panax ginseng*), el necesario

Ataques de pánico
🌱 Cápsulas de valeriana (*Valeriana officinalis*), las necesarias

Remedios

BOTIQUÍN DE HIERBAS

Tener a mano una colección de remedios naturales esenciales en casa fomentará su uso, en detrimento de sus equivalentes farmacéuticos potencialmente más tóxicos. El botiquín básico puede incluir vendajes, linimentos de árnica, tijeras, cremas de base herbaria, aceites esenciales y geles. En el siguiente cuadro encontrará lo que necesita para su botiquín herbario básico.

Botiquín básico

Tintura o cápsulas de equinacia (*Echinacea purpura*)
Cremas de árnica (*Arnica montana*) y consuelda (*Symphytum officinale*)
Comprimidos o tinturas de árnica
Aceites esenciales: árbol del té (*Melaleuca alternifolia*), manzanilla (*Anthemis nobilis*) y lavanda (*Lavandula officinalis*)
Comprimidos o cápsulas de jengibre (*Zingiber officinale*)
Aceite de hipérico (*Hypericum perforatum*)
Gel de áloe (*Aloe barbadensis*)

LAS HIERBAS EN LA VIDA DIARIA

Desgraciadamente, la mayoría de nosotros llevamos una vida ajetreada y, aunque nos gustaría relajarnos, las presiones del día a día nos lo impiden. La fitoterapia nos puede ayudar a mantener el equilibrio de nuestro cuerpo.

El cultivo de hierbas para su uso doméstico puede resultar divertido y convertirse en una grata afición, pero la preparación de las medicinas —aunque es posible realizarla en casa— requiere mucho tiempo y esfuerzo, sobre todo si necesita disponer de remedios medicinales regularmente.

Por este motivo, el uso de tinturas preparadas y extractos secos en cápsula se ha convertido en una alternativa popular a la preparación doméstica de remedios medicinales. Las hierbas que aparecen en el siguiente apartado (Remedios naturales recomendados) se encuentran en el mundo entero en forma de preparados de una única tintura o como combinación de

remedios. La mayoría se fabrican según unos códigos de producción estrictos, con hierbas de cultivos biológicos preparadas para obtener una categoría farmacéutica. Aún así, lea siempre la etiqueta detenidamente. Si utiliza estos remedios podrá mantener su nivel de consumo minimizando la tarea de preparación.

REMEDIOS NATURALES RECOMENDADOS

Cada remedio de la lista favorece y estimula la función o sistema correspondiente y, en el caso del afta vaginal *(Candida albicans)*, el objetivo es eliminar la afección.

AFTA VAGINAL
- Sello de oro *(Hydrastis canadensis)*
- Orégano *(Origanum vulgare)*
- Menta *(Mentha piperita)*
- Tomillo *(Thymus vulgaris)*

ARTICULACIONES
- Sombrerera *(Petasites hybridus)*
- Cola de caballo *(Equisetum arvense)*
- Menta *(Mentha piperita)*
- Milenrama *(Achillea millefolium)*

CORAZÓN Y CIRCULACIÓN
- Cayena *(Capsicum frutescens)*
- Ajo *(Allium sativum)*
- Ginkgo *(Ginkgo biloba)*

FUNCIÓN HEPÁTICA
- Boldo *(Peumus boldo)*
- Diente de león *(Taraxacum officinale)*
- Regaliz *(Glycyrrhiza glabra)*
- Menta *(Mentha piperita)*

FUNCIÓN HORMONAL (FEMENINA)
- Semilla de hinojo *(Foeniculum vulgare)*
- Regaliz *(Glycyrrhiza glabra)*

FUNCIÓN HORMONAL (MASCULINA) Y PRÓSTATA
- Ginkgo *(Ginkgo biloba)*
- Ginseng coreano *(Panax ginseng)*

FUNCIÓN INTESTINAL
- Fenogreco *(Trigonella foenum-graecum)*
- Jengibre *(Zingiber officinale)*
- Malvavisco *(Althea officinalis)*
- Menta *(Mentha piperita)*

Remedios

Función ocular
- Arándano silvestre
(*Vaccinium myrtillus*)

Función pulmonar
- Fenogreco
(*Trigonella foenum-graecum*)
- Ajo (*Allium sativum*)
- Malvavisco (*Althaea officinalis*)
- Tomillo (*Thymus vulgaris*)

Función renal
- Extracto de gayuba
(*Arctostaphylos uva-ursi*)
- Extracto de boldo
(*Peumus boldo*)
- Extracto de sello de oro
(*Hydrastis canadensis*)
- Cola de caballo
(*Equisetum arvense*)
- Enebro (*Juniperus communis*)

Función suprarrenal
- Ginseng (*Panax ginseng*)
- Ginseng siberiano
(*Eleutherococcus senticosus*)
- Regaliz (*Glycyrrhiza glabra*)

Piel
- Manzanilla
(*Anthemis nobilis*)
- Cola de caballo
(*Equisetum arvense*)
- Romero
(*Rosmarinus officinalis*)
- Salvia (*Salvia officinalis*)

Sistema inmunitario
- Equinacia
(*Echinacea purpura*)
- Sello de oro
(*Hydrastis canadensis*)

Sistema linfático
- Sello de oro
(*Hydrastis canadensis*)

Sistema nervioso
- Manzanilla
(*Anthemis nobilis*)
- Lúpulo
(*Humulus lupulus*)
- Pasionaria
(*Passiflora incarnata*)
- Valeriana
(*Valeriana officinalis*)

Vejiga
- Arándano agrio
(*Vaccinium macrocarpon*)
- Gayuba
(*Arctostaphylos uva-ursi*)

GLOSARIO

Acción cortisónica – que reduce la inflamación.

Aceites esenciales – materiales básicos de la aromaterapia altamente aromáticos y volátiles que se obtienen de las plantas mediante un proceso de extracción, generalmente la destilación.

Adrenalina – hormona segregada por la glándula suprerrenal que se libera a causa del estrés físico y mental y que da lugar a una serie de respuestas, entre ellas la aceleración del ritmo cardiaco.

Afrodisiaco – que estimula el deseo sexual.

Amargos – substancias de sabor amargo que estimulan el apetito y facilitan la digestión.

Analgésico – que alivia el dolor.

Anemia – insuficiencia de hemoglobina en la sangre.

Antialérgico – que reduce las reacciones alérgicas.

Antibacteriano – que destruye o impide el crecimiento de las bacterias.

Antibiótico – que impide la multiplicación de bacterias.

Antidepresivo – que mitiga la depresión.

Antiespasmódico – que reduce los espasmos musculares y los calambres.

Antiinflamatorio – que reduce la inflamación.

Antimicrobiano – que destruye los microorganismos patógenos.

Antiséptico – que evita el crecimiento de las bacterias.

Aromaterapia – uso terapéutico de los aceites esenciales generalmente por medio de masajes.

Bacteriostático – que impide el crecimiento de las bacterias.

Carminativo – que alivia la flatulencia y calma el sistema digestivo.

Cicatrizante – que favorece la curación de la piel y la formación de cicatrices.

Cistitis – inflamación de la vejiga urinaria.

Colagogo – que estimula el flujo de bilis al intestino.

Cólico – dolor abdominal en los intestinos.

Decongestionante – que ayuda a eliminar la congestión nasal.

Diaforético – que estimula la transpiración.

Dispepsia – indigestión.

Diurético – que estimula la secreción de orina.

Glosario

Elixir – tintura con azúcar o jarabe.

Emenagogo – que estimula la menstruación.

Enfermedad de Addison – enfermedad provocada por la baja actividad de las glándulas suprarrenales.

Expectorante – que ayuda a expulsar la mucosidad y alivia la congestión de las vías respiratorias.

Flatulencia – gran cantidad de gases en el estómago y los intestinos.

Flavonoide – substancia responsable de los colores amarillo y naranja de las hierbas, las frutas y las hortalizas.

Flema – mucosidad secretada por las vías respiratorias.

Glándulas suprarrenales – glándulas situadas encima de los riñones.

Histamina – substancia liberada en respuesta a las reacciones alérgicas.

Holístico – enfoque que toma en consideración el cuerpo, la mente y el espíritu.

Irrigación – introducción de líquido en la vagina.

Lactación – secreción de leche materna.

Laxante – que estimula la evacuación intestinal.

Mastitis – inflamación aguda de la mama.

Mucílago – líquido viscoso que forma una capa protectora sobre las membranas mucosas y la piel.

Nervino – tónico nervioso.

Neuralgia – dolor nervioso agudo.

Osteoporosis – pérdida de tejido óseo.

Pleuresía – inflamación de la membrana pleural que rodea los pulmones.

Rizoma – estructura subterránea con forma de raíz que las plantas utilizan como reserva de alimento durante el invierno.

Saponina – substancia que forma espuma al mezclarse con agua. Se halla en algunas hierbas y posee numerosas propiedades terapéuticas.

Sedante – que calma el nerviosismo y provoca el sueño.

Serotonina – substancia neurohormonal presente en algunos núcleos del cerebro y en la sangre.

Sinusitis – inflamación de los senos del cráneo.

Tónico – hierba que fortalece y vigoriza un órgano o el organismo entero.

Volátil – fácilmente evaporable cuando se expone al aire.

DIRECCIONES ÚTILES

Asociaciones

Asoc. de Herbodietética y Nutrición de Canarias
C. León y Castillo 49, 1º,
35001 Las Palmas de Gran Canaria
Tel. 928 36 44 11

Asoc. de Herbolarios de Andalucía (Herdima)
Avda. de las Postas 15,
entrepl. local 3, 29014 Málaga
Tel. 95 247 79 41

Asoc. de Herbolarios de Aragón (Herdinza)
C. San Jorge 8, 4º,
50001 Zaragoza
Tel. 976 39 74 00

Asoc. de Herbolarios de Baleares
C. Francisco Manuel de los Herreros 6, 07005 Palma
Tel. 971 46 74 69

Asoc. de Herbolarios de Córdoba (Herdicor)
C. Hermano Juan Fernández s/n, edif. Nilo, 14014 Córdoba
Tel. 957 26 16 31

Asoc. de Herbolarios de Pontevedra (Herbas)
Travesía de Vigo 219, local 9,
36207 Vigo
Tel. 986 37 90 40

Asoc. de Herbolarios de Sevilla
C. Perafán de Ribera 150,
41009 Sevilla
Tel. 95 490 43 23

Asoc. de Herbolarios de Tenerife (Herboteide)
C. Candilas 13,
38202 La Laguna
Tel. 922 26 46 47

Asociación española de Médicos Naturistas
Colegio de Médicos
Villanueva 11,
28001 Madrid
Tel. 91 431 77 80

Asoc. Herbodietética de Castilla-La Mancha
C. Marqués de Villores 9,
02002 Albacete
Tel. 967 23 30 09

Asoc. Herbodietética de Castilla-León (Herbicale)
Pza. San Andrés 9,
47004 Valladolid
Tel. 983 20 35 76

Asoc. Profesional de Herbodietética de Castellón
C. Caballeros 27,
12001 Castellón
Tel. 964 22 50 22

Direcciones útiles

Asoc. Herbodietética de Euskadi
Pº de Los Fueros 18, local,
48901 Barakaldo (Vizcaya)
Tel. 94 437 99 97

Asoc. Profesional de Herbodietética de Madrid
C. Tomás Bretón 20,
28045 Madrid
Tel. 91 468 10 38

Asoc. Profesional de Herbodietética de Murcia
Ronda Norte 12,
30009 Murcia
Tel. 968 28 16 55

Asoc. Profesional de Herbolarios de Cantabria
C. Gral Dávila 60,
39006 Santander
Tel 942 31 06 56

Fenadier (Federación Nacional de Asociaciones de Herboristas)
C. Puerto del Pozozal 4, nave 25, 28031 Madrid
Tel. 91 428 10 38

Gremi d´Herbolaris, Apicultors i Alimentació Dietètica i Biològica de Catalunya
Ronda Universitat 6, entlo. 1º,
08007 Barcelona
Tel. 93 412 14 45

Gremio de Herbolarios y Alimentación Dietética de Asturias
C. Marqués de Casavaldés, 46 bajo, 33002 Gijón
Tel. 985 33 61 47

Grupo Herbodietético de la Comunidad Valenciana
C. Crucero 3, bajo izda.,
46009 Valencia
Tel. 96 349 47 91

Estudios superiores

Curso de postgrado en Naturopatía
Fundación Bosch-Gimpera
Universitat de Barcelona
Palau de les Heures
Pº de la Vall d´Hebron s/n,
08035 Barcelona
Tel. 93 428 45 85

Cursos a distancia de fitoterapia y terapia floral

Escuela CENSANA
C. Mallorca 606-608, 2º,
08026 Barcelona
Tel. 93 265 55 53

Publicaciones

Revista Natura Medicatrix
Pza. Urquinaona 2, 3º,
08010 Barcelona
Tel. 93 420 90 90

ÍNDICE

La negrita indica dónde figura la síntesis del tratamiento para cada afección.

aceites 26-8
acné 87, 170
afecciones cardiacas 53, 54, 71, 82, 114, **178, 186**
aguas de flores 130-1
alergias 51, 95, 118, **163**
alivio del dolor 74, 88
anemia 55, 147
artritis y reumatismo 49, 59-60, 63, 64, 68, 79, 81, 102, 107, 116, 120, 128, 129, 140, 144, 147, 155, **176-7**
asma 57, 143, 152, **163**
astringente 35

botiquín 183

cataplasmas 28-9
cicatrización de heridas 51, 56, 73, 80, 99, 123, 130, 137-8
cistitis 65, 108, 119, 149, 150, **167**
cólico 58, 76, 81, 92, **164**
compresas 28-9
costra láctea 112-13, **164**
cremas 29

dentición y dolor de muelas 57, 61-2, 116, 139, **164**
depresión 61, 71, 99, 101, 104, 109, 125-6, 132, 135, 153, **181-2**
diabetes **178**
diarrea 48, 52, 81, 94, 122, 123, **160, 169**
digestión 48, 49, 51, 55, 56, 57, 58, 66, 69, 70, 77, 81, 84, 92, 96, 97, 104-5, 107, 111, 116, 118-19, 125-6, 139, 141, 144, 149
diuréticos 50, 61, 63, 64, 65, 66, 82, 92, 102, 108, 124, 128, 142, 152
dolor de garganta 123, 135, 152, 156, **164**
dolor de oído 73, 122, **164**
dolor muscular 49, 58, 61, 64, 68, 89-90, 104-5, 110, 120, **171**

eccema 51, 56, 64, 71, 72, 91, 106, 112-13, 137-8, 142, **162**
embarazo 127, **171-3**
enfermedad de Alzheimer 178
estrés 61-2, 78, 86, 88, 97, 105, 114, 116, **179-80**
extractos, estandarizados 30-3

fatiga crónica 170
fertilidad 130-1
función hormonal 113, **186**

hemorroides 61, 94, 137, **172**
herpes labial 179
hígado 51, 70, 135, 136, 142, 149, 153, **187**

infección vaginal 52, 65, **170, 187**
infecciones de vejiga/riñón 59, 61, 65, 102, 108, 118-19, 128, 149, 150, **167, 186, 187**

infusiones 25
insomnio 97, 151, **164**

lactancia 58, 73, 76, 92, 118-19, 130-1, 144, **172-3**
laxantes 56, 77, 98, 106, 108, 114, 124, **164**
leche limpiadora 35
loción tonificante 35
lombrices 69, 75, 141

menopausia 52, 96, 112, 130, **174-5**
menstruación 52, 59-60, 61-2, 63, 69, 72, 73, 79, 83, 94, 96, 101, 111, 112, 116, 118-19, 127, 132, 144, 147, 151, 154, **165-6, 171**
migraña y cefalalgia 59, 105, 125-6, 140, 146, 153, **170, 180**

náuseas y mareos 58, 79, 110, 139, 156-7, **169-70**
nervios y ansiedad 71, 78, 88, 97, 99, 101, 105, 109, 114, 117, 120, 153, **182**

paperas **161**
popurrí 36-7
presión sanguínea, alta 48, 63, 70, 82, 113, 114, 142, 147, 151, 154, **170, 180**
problemas cutáneos 51, 56, 61-2, 64, 68, 69, 71, 72, 73, 87, 97, 98, 99, 101, 106, 112-13, 133-4, 137-8, 142, 145, 155-6, **162, 187**
propiedades antisépticas 48, 80, 89, 94, 122, 125-6, 130-1, 143
psoriasis 138, **162**

reducción de la fiebre 48, 72, 101, 129, 140, **159-60**
reducción del colesterol 53, 54, 71, 74, 84, 86, 87, 113, 114, 117
rehidratación 160
repelente de insectos 141
resfriados e infecciones de pecho 48, 54, 57, 59-60, 64, 66, 72, 76, 79, 80, 85, 90, 100, 111, 116, 133-4, 139, 143, 145, 151, 152, 156-7, **161**

sarampión **161**
síndrome del intestino irritable **168-70**
síntomas esquizofrénicos 112-13
sinusitis 49, 134, **170**
sistema circulatorio 50, 59-60, 70, 74, 78, 83, 95, 120, 125-6, **186**
sistema inmunitario 64, 70, 78, 85, 117, 157, **186**

tinturas 25-6, 31
tratamiento ocular 91, 122, 150, 153, **178, 186**

ungüentos 29

varicela **161**
varices 50, 74, 95, 99, **172, 178**